AZERI
VOCABULÁRIO

PALAVRAS MAIS ÚTEIS

PORTUGUÊS
AZERI

Para alargar o seu léxico e apurar
as suas competências linguísticas

7000 palavras

Vocabulário Português-Azeri - 7000 palavras

Por Andrey Taranov

Os vocabulários da T&P Books destinam-se a ajudar a aprender, a memorizar, e a rever palavras estrangeiras. O dicionário é dividido em temas, cobrindo todas as principais esferas de atividades quotidianas, negócios, ciência, cultura, etc.

O processo de aprendizagem, utilizando os dicionários baseados em temáticas da T&P Books dá-lhe as seguintes vantagens:

- Informação de origem corretamente agrupada predetermina o sucesso em fases subsequentes da memorização de palavras
- Disponibilização de palavras derivadas da mesma raiz, o que permite a memorização de unidades de texto (em vez de palavras separadas)
- Pequenas unidades de palavras facilitam o processo de estabelecimento de vínculos associativos necessários para a consolidação do vocabulário
- O nível de conhecimento da língua pode ser estimado pelo número de palavras aprendidas

T&P Books Publishing
www.tpbooks.com

ISBN: 978-1-78400-874-1

Este livro também está disponível em formato E-book.
Por favor visite www.tpbooks.com ou as principais livrarias on-line.

VOCABULÁRIO AZERI
palavras mais úteis

Os vocabulários da T&P Books destinam-se a ajudar a aprender, a memorizar, e a rever palavras estrangeiras. O vocabulário contém mais de 7000 palavras de uso comum organizadas tematicamente.

O vocabulário contém as palavras mais comummente usadas
Recomendado como adicional para qualquer curso de línguas
Satisfaz as necessidades dos iniciados e dos alunos avançados de línguas estrangeiras
Conveniente para o uso diário, sessões de revisão e atividades de auto-teste
Permite avaliar o seu vocabulário

Características especias do vocabulário

• As palavras estão organizadas de acordo com o seu significado, e não por ordem alfabética
• As palavras são apresentadas em três colunas para facilitar os proooooo de revisão e auto-teste
• As palavras compostas são divididas em pequenos blocos para facilitar o processo de aprendizagem
• O vocabulário oferece uma transcrição simples e adequada de cada palavra estrangeira

O vocabulário contém 198 tópicos incluindo:

Conceitos básicos, Números, Cores, Meses, Estações do ano, Unidades de medida, Roupas & Acessórios, Alimentos & Nutrição, Restaurante, Membros da Família, Parentes, Caráter, Sentimentos, Emoções, Doenças, Cidade, Passeios, Compras, Dinheiro, Casa, Lar, Escritório, Trabalho no Escritório, Importação & Exportação, Marketing, Pesquisa de Emprego, Desportos, Educação, Computador, Internet, Ferramentas, Natureza, Países, Nacionalidades e muito mais ...

TABELA DE CONTEÚDOS

GUIA DE PRONUNCIAÇÃO

Letra	Exemplo Azeri	Alfabeto fonético T&P	Exemplo Português
A a	stabil	[a]	chamar
B b	boksçu	[b]	barril
C c	Ceyran	[ʤ]	adjetivo
Ç ç	Çay	[ʧ]	Tchau!
D d	daraq	[d]	dentista
E e	fevral	[e]	metal
Ə ə	Əncir	[æ]	semana
F f	fokus	[f]	safári
G g	giriş	[g]	gosto
Ğ ğ	Çağırmaq	[ɣ]	agora
H h	həkim	[h]	[h] aspirada
X x	Xanım	[h]	[h] aspirada
I ı	Qarı	[ɪ]	sinónimo
İ i	dimdik	[i]	sinónimo
J j	Janr	[ʒ]	talvez
K k	kaktus	[k]	kiwi
Q q	Qravüra	[g]	gosto
L l	liman	[l]	libra
M m	mavi	[m]	magnólia
N n	nömrə	[n]	natureza
O o	okean	[o]	lobo
Ö ö	Göbələk	[ø]	orgulhoso
P p	parça	[p]	presente
R r	rəng	[r]	riscar
S s	sap	[s]	sanita
Ş ş	Şair	[ʃ]	mês
T t	tarix	[t]	tulipa
U u	susmaq	[u]	bonita
Ü ü	Ümid	[y]	questionar
V v	varlı	[v]	fava
Y y	Yaponiya	[j]	géiser
Z z	zarafat	[z]	asiático

ABREVIATURAS
usadas no vocabulário

Abreviaturas do Português

adj	-	adjetivo
adv	-	advérbio
anim.	-	animado
conj.	-	conjunção
desp.	-	desporto
etc.	-	etecetra
ex.	-	por exemplo
f	-	nome feminino
f pl	-	feminino plural
fem.	-	feminino
inanim.	-	inanimado
m	-	nome masculino
m pl	-	masculino plural
m, f	-	masculino, feminino
masc.	-	masculino
mat.	-	matemática
mil.	-	militar
pl	-	plural
prep.	-	preposição
pron.	-	pronome
sb.	-	sobre
sing.	-	singular
v aux	-	verbo auxiliar
vi	-	verbo intransitivo
vi, vt	-	verbo intransitivo, transitivo
vr	-	verbo reflexivo
vt	-	verbo transitivo

CONCEITOS BÁSICOS

Conceitos básicos. Parte 1

1. Pronomes

eu	mən	['mæn]
tu	sən	['sæn]
ele, ela	o	['o]
nós	biz	['biz]
vocês	siz	['siz]
eles, elas	onlar	[on'lar]

2. Cumprimentos. Saudações. Despedidas

Olá!	Salam!	[sa'lam]
Bom dia! (formal)	Salam!	[sa'lam]
Bom dia! (de manhã)	Sabahın xeyir!	[saba'hın χɛ'jır]
Boa tarde!	Günortan xeyir!	[gynor'tan χɛ'jır]
Boa noite!	Axşamın xeyir!	[aχʃa'mın χɛ'jır]

cumprimentar (vt)	salamlaşmaq	[salamlaʃ'mah]
Olá!	Salam!	[sa'lam]
saudação (f)	salam	[sa'lam]
saudar (vt)	salamlamaq	[salamla'mah]
Como vai?	Necəsən?	[nɛ'ʤǽsæn]
O que há de novo?	Nə yenilik var?	['næ ɛni'lik 'var]

Até à vista!	Xudahafiz!	[χudaha'fiz]
Até breve!	Tezliklə görüşənədək!	[tɛz'liklæ gøryʃæ'nædæk]
Adeus! (sing.)	Sağlıqla qal!	[sa'ɣlıgla 'gal]
Adeus! (pl)	Sağlıqla qalın!	[sa'ɣlıgla 'galın]
despedir-se (vr)	vidalaşmaq	[vidalaʃ'mah]
Até logo!	Hələlik!	[hælæ'lik]

Obrigado! -a!	Sağ ol!	['saɣ 'ol]
Muito obrigado! -a!	Çox sağ ol!	['ʧoχ 'saɣ 'ol]
De nada	Buyurun	['buyrun]
Não tem de quê	Dəyməz	[dæj'mæz]
De nada	Bir şey deyil	['bir 'ʃæj 'dɛjıl]

Desculpa!	Bağışla!	[baɣıʃ'la]
Desculpe!	Bağışlayın!	[baɣıʃ'lajın]
desculpar (vt)	Bağışlamaq	[baɣıʃla'mah]
desculpar-se (vr)	üzr istəmək	['juzr istæ'mæk]
As minhas desculpas	Üzrümü qəbul et	[yzry'my gæ'bul 'ɛt]

Desculpe!	Bağışlayın!	[baɣɯʃ'lajɯn]
perdoar (vt)	bağışlamaq	[baɣɯʃla'mah]
por favor	rica edirəm	[ri'dʒ¦a ɛ'diræm]

Não se esqueça!	Unutmayın!	[u'nutmajɯn]
Certamente! Claro!	Əlbəttə!	[æl'battæ]
Claro que não!	Əlbəttə yox!	[æl'battæ 'joχ]
Está bem! De acordo!	Razıyam!	[ra'zɯjam]
Basta!	Bəsti!	['bæsti]

3. Números cardinais. Parte 1

zero	sıfır	['sɯfɯr]
um	bir	['bir]
dois	iki	[i'ki]
três	üç	['ytʃ]
quatro	dörd	['dørd]

cinco	beş	['bɛʃ]
seis	altı	[al'tɯ]
sete	yeddi	[ɛd'di]
oito	səkkiz	[sæk'kiz]
nove	doqquz	[dok'kuz]

dez	on	['on]
onze	on bir	['on 'bir]
doze	on iki	['on i'ki]
treze	on üç	['on 'jutʃ]
catorze	on dörd	['on 'dørd]

quinze	on beş	['on 'bɛʃ]
dezasseis	on altı	['on al'tɯ]
dezassete	on yeddi	['on ɛd'di]
dezoito	on səkkiz	['on sæk'kiz]
dezanove	on doqquz	['on dok'kuz]

vinte	iyirmi	[ijɯr'mi]
vinte e um	iyirmi bir	[ijɯr'mi 'bir]
vinte e dois	iyirmi iki	[ijɯr'mi i'ki]
vinte e três	iyirmi üç	[ijɯr'mi 'jutʃ]

trinta	otuz	[o'tuz]
trinta e um	otuz bir	[o'tuz 'bir]
trinta e dois	otuz iki	[o'tuz i'ki]
trinta e três	otuz üç	[o'tuz 'jutʃ]

quarenta	qırx	['gɯrχ]
quarenta e um	qırx bir	['gɯrχ 'bir]
quarenta e dois	qırx iki	['gɯrχ i'ki]
quarenta e três	qırx üç	['gɯrχ 'jutʃ]

cinquenta	əlli	[æl'li]
cinquenta e um	əlli bir	[æl'li 'bir]
cinquenta e dois	əlli iki	[æl'li i'ki]

13

cinquenta e três	əlli üç	[æl'li 'jutʃ]
sessenta	altmış	[alt'mıʃ]
sessenta e um	altmış bir	[alt'mıʃ 'bir]
sessenta e dois	altmış iki	[alt'mıʃ i'ki]
sessenta e três	altmış üç	[alt'mıʃ 'jutʃ]

setenta	yetmiş	[ɛt'miʃ]
setenta e um	yetmiş bir	[ɛt'miʃ 'bir]
setenta e dois	yetmiş iki	[ɛt'miʃ i'ki]
setenta e três	yetmiş üç	[ɛt'miʃ 'jutʃ]

oitenta	səksən	[sæk'sæn]
oitenta e um	səksən bir	[sæk'sæn 'bir]
oitenta e dois	səksən iki	[sæk'sæn i'ki]
oitenta e três	səksən üç	[sæk'sæn 'jutʃ]

noventa	doxsan	[doχ'san]
noventa e um	doxsan bir	[doχ'san 'bir]
noventa e dois	doxsan iki	[doχ'san i'ki]
noventa e três	doxsan üç	[doχ'san 'jutʃ]

4. Números cardinais. Parte 2

cem	yüz	['jyz]
duzentos	iki yüz	[i'ki 'juz]
trezentos	üç yüz	['jutʃ 'juz]
quatrocentos	dörd yüz	['dørd 'juz]
quinhentos	beş yüz	['bɛʃ 'juz]

seiscentos	altı yüz	[al'tı 'juz]
setecentos	yeddi yüz	[ɛd'di 'juz]
oitocentos	səkkiz yüz	[sæk'kiz 'juz]
novecentos	doqquz yüz	[dok'kuz 'juz]

mil	min	['min]
dois mil	iki min	[i'ki 'min]
De quem são ...?	üç min	['jutʃ 'min]
dez mil	on min	['on 'min]
cem mil	yüz min	['juz 'min]
um milhão	milyon	[mi'ljon]
mil milhões	milyard	[mi'ljard]

5. Números. Frações

fração (f)	kəsr	['kæsr]
um meio	ikidə bir	[iki'dæ 'bir]
um terço	üçdə bir	[ytʃ'dæ 'bir]
um quarto	dörddə bir	[dørd'da 'bir]
um oitavo	səkkizdə bir	[sækkiz'dæ 'bir]
um décimo	onda bir	[on'da 'bir]
dois terços	üçdə iki	[ytʃ'dæ i'ki]
três quartos	dörddə üç	[dørd'dæ 'jutʃ]

6. Números. Operações básicas

subtração (f)	çıxma	[ʧɪx'ma]
subtrair (vi, vt)	çıxmaq	[ʧɪx'mah]
divisão (f)	bölmə	[bøl'mæ]
dividir (vt)	bölmək	[bøl'mæk]
adição (f)	toplama	[topla'ma]
somar (vt)	toplamaq	[topla'mah]
adicionar (vt)	artırmaq	[artır'mah]
multiplicação (f)	vurma	[vur'ma]
multiplicar (vt)	vurmaq	[vur'mah]

7. Números. Diversos

algarismo, dígito (m)	rəqəm	[ræ'gæm]
número (m)	say	['saj]
numeral (m)	say	['saj]
menos (m)	minus	['minus]
mais (m)	plyus	['plʲus]
fórmula (f)	düstur	[dys'tur]
cálculo (m)	hesab	[hɛ'sap]
contar (vt)	saymaq	[saj'mah]
calcular (vt)	hesablamaq	[hɛsabla'mah]
comparar (vt)	müqayisə etmək	[mygajɪ'sæ ɛt'mæk]
Quanto?	Nə qədər?	['næ gæ'dær]
Quantos? -as?	Neçə?	[nɛ'ʧæ]
soma (f)	məbləğ	[mæb'læɣ]
resultado (m)	nəticə	[næti'ʤʲæ]
resto (m)	qalıq	[ga'lıh]
alguns, algumas …	bir neçə	[bir nɛ'ʧæ]
um pouco de …	bir az …	['bir 'az …]
resto (m)	qalanı	[gala'nı]
um e meio	bir yarım	['bir ja'rım]
dúzia (f)	on iki	['on i'ki]
ao meio	tən yarı	['tæn ja'rı]
em partes iguais	tənbərabər	[tænbæra'bær]
metade (f)	yarım	[ja'rım]
vez (f)	dəfə	[dæ'fæ]

8. Os verbos mais importantes. Parte 1

abrir (vt)	açmaq	[aʧ'mah]
acabar, terminar (vt)	qurtarmaq	[gurtar'mah]
aconselhar (vt)	məsləhət vermək	[mæslæ'hæt vɛr'mæk]
adivinhar (vt)	tapmaq	[tap'mah]

advertir (vt)	xəbərdarlıq etmək	[χæbærdar'lıh ɛt'mæk]
ajudar (vt)	kömək etmək	[kø'mæk ɛt'mæk]
almoçar (vi)	nahar etmək	[na'har ɛt'mæk]
alugar (~ um apartamento)	kiraya etmək	[kira'jæ ɛt'mæk]
amar (vt)	sevmək	[sɛv'mæk]
ameaçar (vt)	hədələmək	[hædælæ'mæk]

anotar (escrever)	yazmaq	[jaz'mah]
apanhar (vt)	tutmaq	[tut'mah]
apressar-se (vr)	tələsmək	[tælæs'mæk]
arrepender-se (vr)	heyfsilənmək	[hɛjfsilæn'mæk]
assinar (vt)	imzalamaq	[imzala'mah]

atirar, disparar (vi)	atəş açmaq	[a'tæʃ atʃ'mah]
brincar (vi)	zarafat etmək	[zara'fat ɛt'mæk]
brincar, jogar (crianças)	oynamaq	[ojna'mah]
buscar (vt)	axtarmaq	[aχtar'mah]
caçar (vi)	ova çıxmaq	[o'va tʃıχ'mah]

cair (vi)	yıxılmaq	[jıχıl'mah]
cavar (vt)	qazmaq	[gaz'mah]
cessar (vt)	kəsmək	[kæs'mæk]
chamar (~ por socorro)	çağırmaq	[tʃayır'mah]
chegar (vi)	gəlmək	[gæl'mæk]
chorar (vi)	ağlamaq	[ayla'mah]

comparar (vt)	müqayisə etmək	[mygajı'sæ ɛt'mæk]
compreender (vt)	başa düşmək	[ba'ʃa dyʃ'mæk]
concordar (vi)	razı olmaq	[ra'zı ol'mah]
confiar (vt)	etibar etmək	[ɛti'bar ɛt'mæk]

confundir (equivocar-se)	dolaşıq salmaq	[dola'ʃıh sal'mah]
conhecer (vt)	tanımaq	[tanı'mah]
contar (fazer contas)	saymaq	[saj'mah]
contar com (esperar)	bel bağlamaq	['bɛl bayla'mah]
continuar (vt)	davam etdirmək	[da'vam ɛtdir'mæk]

controlar (vt)	nəzarət etmək	[næza'ræt ɛt'mæk]
convidar (vt)	dəvət etmək	[dæ'væt ɛt'mæk]
correr (vi)	qaçmaq	[gatʃ'mah]
criar (vt)	yaratmaq	[jarat'mah]
custar (vt)	qiyməti olmaq	[gijmæ'ti ol'mah]

9. Os verbos mais importantes. Parte 2

dar (vt)	vermək	[vɛr'mæk]
dar uma dica	eyham vurmaq	[ɛj'ham vur'mah]
decorar (enfeitar)	bəzəmək	[bæzæ'mæk]
defender (vt)	müdafiyə etmək	[mydafi'jæ ɛt'mæk]
deixar cair (vt)	yerə salmaq	[ɛ'ræ sal'mah]

descer (para baixo)	aşağı düşmək	[aʃa'yı dyʃ'mæk]
desculpar-se (vr)	üzr istəmək	['juzr istæ'mæk]
dirigir (~ uma empresa)	idarə etmək	[ida'ræ ɛt'mæk]

discutir (notícias, etc.)	müzakirə etmək	[myzaki'ræ ɛt'mæk]
dizer (vt)	demək	[dɛ'mæk]

duvidar (vt)	şübhələnmək	[ʃybhælæn'mæk]
encontrar (achar)	tapmaq	[tap'mah]
enganar (vt)	aldatmaq	[aldat'mah]
entrar (na sala, etc.)	daxil olmaq	[da'χil ol'mah]
enviar (uma carta)	göndərmək	[gøndær'mæk]

errar (equivocar-se)	səhv etmək	['sæhv ɛt'mæk]
escolher (vt)	seçmək	[sɛtʃ'mæk]
esconder (vt)	gizlətmək	[gizlæt'mæk]
escrever (vt)	yazmaq	[jaz'mah]
esperar (o autocarro, etc.)	gözləmək	[gøzlæ'mæk]

esperar (ter esperança)	ümid etmək	[y'mid ɛt'mæk]
esquecer (vt)	unutmaq	[unut'mah]
estudar (vt)	öyrənmək	[øjræn'mæk]
exigir (vt)	tələb etmək	[tæ'læp ɛt'mæk]
existir (vi)	mövcud olmaq	[møv'dʒyd ol'mah]

explicar (vt)	izah etmək	[i'zah ɛt'mæk]
falar (vi)	danışmaq	[danɪʃ'mah]
faltar (clases, etc.)	buraxmaq	[buraχ'mah]
fazer (vt)	etmək	[ɛt'mæk]
ficar em silêncio	susmaq	[sus'mah]
gabar-se, jactar-se (vr)	lovğalanmaq	[lovɣalan'mah]

gostar (apreciar)	xoşuna gəlmək	[χoʃu'na gæl'mæk]
gritar (vi)	çığırmaq	[tʃɪɣɪr'mah]
quardar (cartas, etc.)	saxlamaq	[saχla'mah]
informar (vt)	məlumat vermək	[mælʲu'mat vɛr'mæk]
insistir (vi)	təkid etmək	[tæ'kid ɛt'mæk]

insultar (vt)	təhkir etmək	[tæh'kir ɛt'mæk]
interessar-se (vr)	maraqlanmaq	[maraglan'mah]
ir (a pé)	getmək	[gɛt'mæk]
ir nadar	çimmək	[tʃim'mæk]
jantar (vi)	axşam yeməyi yemək	[aχ'ʃam ɛmæ'jɪ ɛ'mæk]

10. Os verbos mais importantes. Parte 3

ler (vt)	oxumaq	[oχu'mah]
libertar (cidade, etc.)	azad etmək	[a'zad ɛt'mæk]
matar (vt)	öldürmək	[øldyr'mæk]
mencionar (vt)	adını çəkmək	[adɪ'nɪ tʃæk'mæk]
mostrar (vt)	göstərmək	[gøstær'mæk]

mudar (modificar)	dəyişmək	[dæiʃ'mæk]
nadar (vi)	üzmək	[yz'mæk]
negar-se a ...	imtina etmək	[imti'na ɛt'mæk]
objetar (vt)	etiraz etmək	[ɛti'raz ɛt'mæk]
observar (vt)	müşaidə etmək	[myʃai'dæ ɛt'mæk]
ordenar (mil.)	əmr etmək	['æmr ɛt'mæk]

ouvir (vt)	eşitmək	[εʃit'mæk]
pagar (vt)	pulunu ödəmək	[pulʲu'nu ødæ'mæk]
parar (vi)	dayanmaq	[dajan'mah]

participar (vi)	iştirak etmək	[iʃti'rak εt'mæk]
pedir (comida)	sifariş etmək	[sifa'riʃ εt'mæk]
pedir (um favor, etc.)	xahiş etmək	[χa'hiʃ εt'mæk]
pegar (tomar)	almaq	[al'mah]
pensar (vt)	düşünmək	[dyʃyn'mæk]

perceber (ver)	görmək	[gør'mæk]
perdoar (vt)	bağışlamaq	[baɣıʃla'mah]
perguntar (vt)	soruşmaq	[soruʃ'mah]
permitir (vt)	icazə vermək	[idʒʲa'zæ vεr'mæk]
pertencer a ...	mənsub olmaq	[mæn'sup ol'mah]

planear (vt)	planlaşdırmaq	[planlaʃdır'mah]
poder (vi)	bacarmaq	[badʒʲar'mah]
possuir (vt)	sahib olmaq	[sa'hip ol'mah]
preferir (vt)	üstünlük vermək	[ystyn'lyk vεr'mæk]
preparar (vt)	hazırlamaq	[hazırla'mah]

prever (vt)	qabaqcadan görmək	[ga'bagdʒʲadan gør'mæk]
prometer (vt)	vəd etmək	['væd εt'mæk]
pronunciar (vt)	tələffüz etmək	[tælæf'fyz εt'mæk]
propor (vt)	təklif etmək	[tæk'lif εt'mæk]
punir (castigar)	cəzalandırmaq	[dʒʲæzalandır'mah]

11. Os verbos mais importantes. Parte 4

quebrar (vt)	qırmaq	[gır'mah]
queixar-se (vr)	şikayət etmək	[ʃika'jæt εt'mæk]
querer (desejar)	istəmək	[istæ'mæk]
recomendar (vt)	məsləhət görmək	[mæslæ'hæt gør'mæk]
repetir (dizer outra vez)	təkrar etmək	[tæk'rar εt'mæk]

repreender (vt)	danlamaq	[danla'mah]
reservar (~ um quarto)	sifariş etmək	[sifa'riʃ εt'mæk]
responder (vt)	cavab vermək	[dʒʲa'vap vεr'mæk]
rezar, orar (vi)	dua etmək	[du'a εt'mæk]
rir (vi)	gülmək	[gylʲ'mæk]

roubar (vt)	oğurlamaq	[oɣurla'mah]
saber (vt)	bilmək	[bil'mæk]
sair (~ de casa)	çıxmaq	[tʃʲıχ'mah]
salvar (vt)	xilas etmək	[χi'las εt'mæk]
seguir ...	ardınca getmək	[ar'dındʒʲa gεt'mæk]

sentar-se (vr)	oturmaq	[otur'mah]
ser necessário	tələb olunmaq	[tæ'læp olʲun'mah]
ser, estar	olmaq	[ol'mah]
significar (vt)	ifadə etmək	[ifa'dæ εt'mæk]
sorrir (vi)	gülümsəmək	[gylymsæ'mæk]
surpreender-se (vr)	təəccüblənmək	[taædʒyblæn'mæk]

tentar (vt)	sınamaq	[sına'mah]
ter (vt)	malik olmaq	['malik ol'mah]
ter fome	yemək istəmək	[ɛ'mæk istɛ'mæk]
ter medo	qorxmaq	[gorχ'mah]
ter sede	içmək istəmək	[iʧ'mæk istæ'mæk]

tocar (com as mãos)	əl vurmaq	['æl vur'mah]
tomar o pequeno-almoço	səhər yeməyi yemək	[sæ'hær ɛmæ'jı ɛ'mæk]
trabalhar (vi)	işləmək	[iʃlæ'mæk]
traduzir (vt)	tərcümə etmək	[tærdʒy'mæ ɛt'mæk]
unir (vt)	birləşdirmək	[birlæʃdir'mæk]

vender (vt)	satmaq	[sat'mah]
ver (vt)	görmək	[gør'mæk]
virar (ex. ~ à direita)	döndərmək	[døndær'mæk]
voar (vi)	uçmaq	[uʧ'mah]

12. Cores

cor (f)	rəng	['rænh]
matiz (m)	çalar	[ʧa'lar]
tom (m)	ton	['ton]
arco-íris (m)	qövsi-quzeh	[gøvsi gy'zɛh]

branco	ağ	['aɣ]
preto	qara	[ga'ra]
cinzento	boz	['boz]

verde	yaşıl	[ja'ʃıl]
amarelo	sarı	[sa'rı]
vermelho	qırmızı	[gırmı'zı]

azul	göy	['gøj]
azul claro	mavi	[ma'vi]
rosa	çəhrayı	[ʧæhra'jı]
laranja	narıncı	[narın'dʒ'ı]
violeta	bənövşəyi	[bænøvʃæ'jı]
castanho	şabalıdı	[ʃabalı'dı]

dourado	qızıl	[gı'zıl]
prateado	gümüşü	[gymy'ʃy]

bege	bej rəngli	[bɛʒ ræng'li]
creme	krem rəngli	[krɛm ræng'li]
turquesa	firuzəyi	[firuzæ'jı]
vermelho cereja	tünd qırmızı	['tynd gırmı'zı]
lilás	açıq bənövşəyi	[a'ʧıh bænøvʃæ'jı]
carmesim	moruq rəngli	[moruh ræng'li]

claro	açıq rəngli	[a'ʧıh ræng'li]
escuro	tünd	['tynd]
vivo	parlaq	[par'lah]
de cor	rəngli	[ræng'li]
a cores	rəngli	[ræng'li]

preto e branco	ağ-qara	['aɣ ga'ra]
unicolor	birrəng	[bir'rænh]
multicor	müxtəlif rəngli	[myχtæ'lif ræng'li]

13. Questões

Quem?	Kim?	['kim]
Que?	Nə?	['næ]
Onde?	Harada?	['harada]
Para onde?	Haraya?	['haraja]
De onde?	Haradan?	['haradan]
Quando?	Nə zaman?	['næ za'man]
Para quê?	Niyə?	[ni'jæ]
Porquê?	Nə üçün?	['næ ju'ʧun]

Para quê?	Nədən ötrü?	[næ'dæn øt'ry]
Como?	Necə?	[nɛ'ʤ¦æ]
Qual?	Nə cür?	['næ 'ʤyr]
Qual? (entre dois ou mais)	Hansı?	[han'sı]

A quem?	Kimə?	[ki'mæ]
Sobre quem?	Kimdən?	[kim'dæn]
Do quê?	Nədən?	[næ'dæn]
Com quem?	Kiminlə?	[ki'minlæ]

Quantos? -as?	Neçə?	[nɛ'ʧæ]
Quanto?	Nə qədər?	['næ gæ'dær]
De quem? (masc.)	Kimin?	[ki'min]

14. Palavras funcionais. Advérbios. Parte 1

Onde?	Harada?	['harada]
aqui	burada	['burada]
lá, ali	orada	['orada]

| em algum lugar | harada isə | ['harada isɛ] |
| em lugar nenhum | heç bir yerdə | ['hɛʧ 'bir ɛr'dæ] |

| ao pé de ... | yanında | [janın'da] |
| ao pé da janela | pəncərənin yanında | [pændʒ¦æræ'nin janın'da] |

Para onde?	Haraya?	['haraja]
para cá	buraya	['buraja]
para lá	oraya	['oraja]
daqui	buradan	['buradan]
de lá, dali	oradan	['oradan]

| perto | yaxın | [ja'χın] |
| longe | uzaq | [u'zah] |

| perto de ... | yanaşı | [jana'ʃı] |
| ao lado de | yaxında | [jaχın'da] |

perto, não fica longe	yaxında	[jaχɪn'da]
esquerdo	sol	['sol]
à esquerda	soldan	[sol'dan]
para esquerda	sola	[so'la]

direito	sağ	['saɣ]
à direita	sağdan	[sa'ɣdan]
para direita	sağa	[sa'ɣa]

à frente	qabaqdan	[gabag'dan]
da frente	qabaq	[ga'bah]
em frente (para a frente)	irəli	[iræ'li]

atrás de ...	arxada	[arχa'da]
por detrás (vir ~)	arxadan	[arχa'dan]
para trás	arxaya	[arχa'ja]

| meio (m), metade (f) | orta | [or'ta] |
| no meio | ortada | [orta'da] |

de lado	qıraqdan	[gɪrag'dan]
em todo lugar	hər yerdə	['hær ɛr'dæ]
ao redor (olhar ~)	ətrafında	[ætrafɪn'da]

de dentro	içəridən	[itʃæri'dæn]
para algum lugar	haraya isə	['haraja i'sæ]
diretamente	düzünə	[dyzy'næ]
de volta	geriyə	[gɛri'jæ]

| de algum lugar | haradan olsa | ['haradan ol'sa] |
| de um lugar | haradansa | ['haradansa] |

em primeiro lugar	birincisi	[birindʒi'si]
em segundo lugar	ikincisi	[ikintʃi'si]
em terceiro lugar	üçüncüsü	[ytʃʲundʒʲu'sy]

de repente	qəflətən	['gæflætæn]
no início	başlanqıcda	[baʃlangɪdʒ'da]
pela primeira vez	birinci dəfə	[birin'dʒʲi dæ'fæ]
muito antes de ...	xeyli əvvəl	['χɛjli æv'væl]
de novo, novamente	yenidən	[ɛni'dæn]
para sempre	həmişəlik	[hæmiʃæ'lik]

nunca	heç bir zaman	['hɛtʃ 'bir za'man]
de novo	yenə	['ɛnæ]
agora	indi	[in'di]
frequentemente	tez-tez	['tɛz 'tɛz]
então	onda	[on'da]
urgentemente	təcili	[tædʒʲi'li]
usualmente	adətən	['adætæn]

a propósito, ...	yeri gəlmişkən	[ɛ'ri gæl'miʃkæn]
é possível	ola bilsin	[o'la bil'sin]
provavelmente	ehtimal ki	[ɛhti'mal 'ki]
talvez	ola bilər	[o'la bi'lær]
além disso, ...	bundan başqa ...	[bun'dan baʃ'ga ...]

por isso …	buna görə	[bu'na gø'ræ]
apesar de …	baxmayaraq ki …	['baχmajarah ki …]
graças a …	sayəsində …	[sajæsin'dæ …]

que (pron.)	nə	['næ]
que (conj.)	ki	['ki]
algo	nə isə	['næ i'sæ]
alguma coisa	bir şey	['bir 'ʃɛj]
nada	heç bir şey	['hɛtʃ 'bir 'ʃæj]

quem	kim	['kim]
alguém (~ teve uma ideia …)	kim isə	['kim i'sæ]
alguém	birisi	[biri'si]

ninguém	heç kim	['hɛtʃ kim]
para lugar nenhum	heç bir yerə	['hɛtʃ 'bir ɛ'ræ]
de ninguém	heç kimin	['hɛtʃ ki'min]
de alguém	kiminsə	[ki'minsæ]

tão	belə	[bɛ'læ]
também (gostaria ~ de …)	habelə	['habɛlæ]
também (~ eu)	həmçinin	['hæmtʃinin]

15. Palavras funcionais. Advérbios. Parte 2

Porquê?	Nə üçün?	['næ ju'tʃun]
por alguma razão	nədənsə	[næ'dænsæ]
porque …	ona görə ki	[o'na gø'ræ 'ki]
por qualquer razão	nə səbəbə isə	['næ sæbæ'bæ i'sæ]

e (tu ~ eu)	və	['væ]
ou (ser ~ não ser)	yaxud	['jaχud]
mas (porém)	amma	['amma]
para (~ a minha mãe)	üçün	[y'tʃun]

demasiado, muito	həddindən artıq	[hæddin'dæn ar'tıh]
só, somente	yalnız	['jalnız]
exatamente	dəqiq	[dæ'gih]
cerca de (~ 10 kg)	təqribən	[tæg'ribæn]

aproximadamente	təxminən	[tæχ'minæn]
aproximado	təxmini	[tæχmi'ni]
quase	demək olar ki	[dɛ'mæk o'lar 'ki]
resto (m)	qalanı	[gala'nı]

cada	hər bir	['hær 'bir]
qualquer	hansı olursa olsun	[han'sı o'lʲursa ol'sun]
muito	çox	['tʃoχ]
muitas pessoas	çoxları	[tʃoχla'rı]
todos	hamısı	['hamısı]

em troca de …	bunun əvəzində	[bu'nun ævæzin'dæ]
em troca	əvəzində	[ævæzin'dæ]
à mão	əl ilə	['æl i'læ]

pouco provável	çətin ola bilsin	[ʧæ'tin o'la bil'sin]
provavelmente	guman ki	[ɡy'man 'ki]
de propósito	bilərək	[bi'læræk]
por acidente	təsadüfən	[tæ'sadyfæn]

muito	çox	['ʧox]
por exemplo	məsələn	['mæsælæn]
entre	arasında	[arasɪn'da]
entre (no meio de)	ortasında	[ortasɪn'da]
tanto	bu qədər	['bu ɡæ'dær]
especialmente	xüsusilə	[xysu'silæ]

Conceitos básicos. Parte 2

16. Opostos

rico	**varlı**	[var'lı]
pobre	**kasıb**	[ka'sıp]
doente	**xəstə**	[χæs'tæ]
são	**sağlam**	[sa'ɣlam]
grande	**böyük**	[bø'juk]
pequeno	**kiçik**	[ki'tʃik]
rapidamente	**cəld**	['dʒˈæld]
lentamente	**asta-asta**	[as'ta as'ta]
rápido	**cəld**	['dʒˈæld]
lento	**asta**	[as'ta]
alegre	**şən**	['ʃæn]
triste	**qəmgin**	[gæm'gin]
juntos	**birlikdə**	[birlik'dæ]
separadamente	**ayrı-ayrı**	[aj'rı aj'rı]
em voz alta (ler ~)	**ucadan**	[udʒˈa'dan]
para si (em silêncio)	**ürəyində**	[yræjın'dæ]
alto	**hündür**	[hyn'dyr]
baixo	**alçaq**	[al'tʃah]
profundo	**dərin**	[dæ'rin]
pouco fundo	**dayaz**	[da'jaz]
sim	**bəli**	['bæli]
não	**xeyr**	['χɛjr]
distante (no espaço)	**uzaq**	[u'zah]
próximo	**yaxın**	[ja'χın]
longe	**uzaqda**	[uzag'da]
perto	**yaxında**	[jaχın'da]
longo	**uzun**	[u'zun]
curto	**qısa**	[gı'sa]
bom, bondoso	**xeyirxah**	[χɛjır'χah]
mau	**hirsli**	[hirs'li]
casado	**evli**	[ɛv'li]

solteiro	subay	[su'baj]
proibir (vt)	qadağan etmək	[gada'ɣan ɛt'mæk]
permitir (vt)	icazə vermək	[idʒ'a'zæ vɛr'mæk]
fim (m)	son	['son]
começo (m)	başlanqıc	[baʃla'ngɪdʒ']
esquerdo	sol	['sol]
direito	sağ	['saɣ]
primeiro	birinci	[birin'dʒ'i]
último	sonuncu	[sonun'dʒy]
crime (m)	cinayət	[dʒ'ina'jæt]
castigo (m)	cəza	[dʒ'æ'za]
ordenar (vt)	əmr etmək	['æmr ɛt'mæk]
obedecer (vt)	tabe olmaq	[ta'bɛ ol'mah]
reto	düz	['dyz]
curvo	əyri	[æj'ri]
paraíso (m)	cənnət	[dʒ'æn'næt]
inferno (m)	cəhənnəm	[dʒ'æhæn'næm]
nascer (vi)	anadan olmaq	[ana'dan ol'mah]
morrer (vi)	ölmək	[øl'mæk]
forte	güclü	[gydʒ'ly]
fraco, débil	zəif	[zæ'if]
idoso	köhnə	[køh'næ]
jovem	cavan	[dʒ'a'van]
velho	köhnə	[køh'næ]
novo	təzə	[tæ'zæ]
duro	bərk	['bærk]
mole	yumşaq	[jum'ʃah]
tépido	isti	[is'ti]
frio	soyuq	[so'juh]
gordo	yoğun	[jo'ɣun]
magro	arıq	[a'rɪh]
estreito	ensiz	[ɛn'siz]
largo	enli	[ɛn'li]
bom	yaxşı	[jaχ'ʃɪ]
mau	pis	['pis]
valente	cəsarətli	[dʒ'æsaræt'li]
cobarde	qorxaq	[gor'χah]

17. Dias da semana

segunda-feira (f)	bazar ertəsi	[ba'zar ɛrtæ'si]
terça-feira (f)	çərşənbə axşamı	[ʧærʃæn'bæ aχʃa'mı]
quarta-feira (f)	çərşənbə	[ʧærʃæn'bæ]
quinta-feira (f)	cümə axşamı	[ʤy'mæ aχʃa'mı]
sexta-feira (f)	cümə	[ʤy'mæ]
sábado (m)	şənbə	[ʃæn'bæ]
domingo (m)	bazar	[ba'zar]

hoje	bu gün	['bu 'gyn]
amanhã	sabah	['sabah]
depois de amanhã	birigün	[bi'rigyn]
ontem	dünən	['dynæn]
anteontem	sırağa gün	[sıra'ɣa 'gyn]

dia (m)	gündüz	[gyn'dyz]
dia (m) de trabalho	iş günü	['iʃ gy'ny]
feriado (m)	bayram günü	[baj'ram gy'ny]
dia (m) de folga	istirahət günü	[istira'hæt gy'ny]
fim (m) de semana	istirahət günləri	[istira'hæt gynlɛ'ri]

o dia todo	bütün günü	[by'tyn gy'ny]
no dia seguinte	ertəsi gün	[ɛrtæ'si 'gyn]
há dois dias	iki gün qabaq	[i'ki 'gyn ga'bah]
na véspera	ərəfəsində	[æræfæsin'dæ]
diário	gündəlik	[gyndæ'lik]
todos os dias	hər gün	['hær 'gyn]

semana (f)	həftə	[hæf'tæ]
na semana passada	keçən həftə	[kɛ'ʧæn hæf'tæ]
na próxima semana	gələn həftə	[gæ'læn hæf'tæ]
semanal	həftəlik	[hæftæ'lik]
cada semana	həftədə bir	[hæftæ'dæ 'bir]
duas vezes por semana	həftədə iki dəfə	[hæftæ'dæ i'ki dæ'fæ]
cada terça-feira	hər çərşənbə axşamı	['hær ʧærʃæn'bæ aχʃa'mı]

18. Horas. Dia e noite

manhã (f)	səhər	[sæ'hær]
de manhã	səhərçağı	[sæ'hær ʧa'ɣı]
meio-dia (m)	günorta	[gynor'ta]
à tarde	nahardan sonra	[nahar'dan son'ra]

noite (f)	axşam	[aχ'ʃam]
à noite (noitinha)	axşam	[aχ'ʃam]
noite (f)	gecə	[gɛ'ʤæ]
à noite	gecə	[gɛ'ʤæ]
meia-noite (f)	gecəyarı	[gɛʤæja'rı]

segundo (m)	saniyə	[sani'jæ]
minuto (m)	dəqiqə	[dægi'gæ]
hora (f)	saat	[sa'at]

meia hora (f)	yarım saat	[ja'rım sa'at]
quarto (m) de hora	on beş deqiqe	['on 'bɛʃ dægi'gæ]
quinze minutos	on beş deqiqe	['on 'bɛʃ dægi'gæ]
vinte e quatro horas	gece-gündüz	[gɛ'dʒʲæ gyn'dyz]

nascer (m) do sol	güneşin doğması	[gynæ'ʃin doɣma'sı]
amanhecer (m)	şefeq	[ʃæ'fæh]
madrugada (f)	seher tezden	[sæ'hær tɛz'dæn]
pôr do sol (m)	gün batan çağı	['gyn ba'tan ʧa'ɣı]

de madrugada	erkenden	[ɛrkæn'dæn]
hoje de manhã	bu gün seher	['bu 'gyn sæ'hær]
amanhã de manhã	sabah seher	['sabah sæ'hær]

hoje à tarde	bu gün günorta çağı	['bu 'gyn gynor'ta ʧa'ɣı]
à tarde	nahardan sonra	[nahar'dan son'ra]
amanhã à tarde	sabah nahardan sonra	['sabah nahar'dan son'ra]

| hoje à noite | bu gün axşam | ['bu 'gyn aχ'ʃam] |
| amanhã à noite | sabah axşam | ['sabah aχ'ʃam] |

às três horas em ponto	saat üç tamamda	[sa'at 'juʧ tamam'da]
por volta das quatro	texminen saat dörd radelerinde	[tæχ'minæn sa'at 'dørd radælærin'dæ]
às doze	saat on iki üçün	[sa'at 'on i'ki ju'ʧun]

dentro de vinte minutos	iyirmi deqiqeden sonra	[ijır'mi dægigæ'dæn son'ra]
dentro duma hora	bir saatdan sonra	['bir saat'dan son'ra]
a tempo	vaxtında	[vaχtın'da]

menos um quarto	on beş deqiqe qalmış	['on 'bɛʃ dægi'gæ gal'mıʃ]
durante uma hora	bir saat erzinde	['bir sa'at ærzin'dæ]
a cada quinze minutos	her on beş deqiqeden bir	['hær 'on 'bɛʃ dægigæ'dæn bir]
as vinte e quatro horas	gece-gündüz	[gɛ'dʒʲæ gyn'dyz]

19. Meses. Estações

janeiro (m)	yanvar	[jan'var]
fevereiro (m)	fevral	[fɛv'ral]
março (m)	mart	['mart]
abril (m)	aprel	[ap'rɛl]
maio (m)	may	['maj]
junho (m)	iyun	[i'jun]

julho (m)	iyul	[i'jul]
agosto (m)	avqust	['avgust]
setembro (m)	sentyabr	[sɛn'tʲabr]
outubro (m)	oktyabr	[ok'tʲabr]
novembro (m)	noyabr	[no'jabr]
dezembro (m)	dekabr	[dɛ'kabr]

| primavera (f) | yaz | ['jaz] |
| na primavera | yazda | [jaz'da] |

primaveril	yaz	['jaz]
verão (m)	yay	['jaj]
no verão	yayda	[jaj'da]
de verão	yay	['jaj]
outono (m)	payız	[pa'jız]
no outono	payızda	[pajız'da]
outonal	payız	[pa'jız]
inverno (m)	qış	['gıʃ]
no inverno	qışda	[gıʃ'da]
de inverno	qış	['gıʃ]
mês (m)	ay	['aj]
este mês	bu ay	['bu 'aj]
no próximo mês	gələn ay	[gæ'læn 'aj]
no mês passado	keçən ay	[kɛ'ʧæn 'aj]
há um mês	bir ay qabaq	['bir 'aj ga'bah]
dentro de um mês	bir aydan sonra	['bir aj'dan son'ra]
dentro de dois meses	iki aydan sonra	[i'ki aj'dan son'ra]
todo o mês	bütün ay	[by'tyn 'aj]
um mês inteiro	bütöv ay	[by'tøv 'aj]
mensal	aylıq	[aj'lıh]
mensalmente	ayda bir dəfə	[aj'da 'bir dæfæ]
cada mês	hər ay	['hær 'aj]
duas vezes por mês	ayda iki dəfə	[aj'da i'ki dæ'fæ]
ano (m)	il	['il]
este ano	bu il	['bu 'il]
no próximo ano	gələn il	[gæ'læn 'il]
no ano passado	keçən il	[kɛ'ʧæn 'il]
há um ano	bir il əvvəl	['bir 'il æv'væl]
dentro dum ano	bir ildən sonra	['bir il'dæn son'ra]
dentro de 2 anos	iki ildən sonra	[i'ki il'dæn son'ra]
todo o ano	il uzunu	['il uzu'nu]
um ano inteiro	bütün il boyu	[by'tyn il bo'ju]
cada ano	hər il	['hær 'il]
anual	illik	[il'lik]
anualmente	hər ilki	['hær il'ki]
quatro vezes por ano	ildə dörd dəfə	[il'dæ 'dørd dæ'fæ]
data (~ de hoje)	gün	['gyn]
data (ex. ~ de nascimento)	tarix	[ta'rix]
calendário (m)	təqvim	[tæg'vim]
meio ano	yarım il	[ja'rım 'il]
seis meses	yarım illik	[ja'rım il'lik]
estação (f)	mövsüm	[møv'sym]
século (m)	əsr	['æsr]

20. Tempo. Diversos

tempo (m)	zaman	[za'man]
momento (m)	qırpım	[gır'pım]
instante (m)	an	['an]
instantâneo	ani	[a'ni]
lapso (m) de tempo	müddət	[myd'dæt]
vida (f)	həyat	[hæ'jat]
eternidade (f)	əbədiyyat	[æbædi'at]

época (f)	dövr	['døvr]
era (f)	era	['ɛra]
ciclo (m)	silsilə	[silsi'læ]
período (m)	zaman	[za'man]
prazo (m)	müddət	[myd'dæt]

futuro (m)	gələcək	[gælæ'ʤʲæk]
futuro	gələcək	[gælæ'ʤʲæk]
da próxima vez	gələn dəfə	[gæ'læn dæ'fæ]
passado (m)	keçmiş	[kɛʧ'miʃ]
passado	keçən	[kɛ'ʧæn]
na vez passada	keçən dəfə	[kɛ'ʧæn dæ'fæ]

mais tarde	daha sonra	[da'ha 'sonra]
depois	sonra	[son'ra]
atualmente	hal hazırda	['hal hazır'da]
agora	indi	[in'di]
imediatamente	dərhal	['dærhal]
em breve, brevemente	tezliklə	[tɛz'liklæ]
do antemão	qabaqcadan	[qabaqʤʲa'dan]

há muito tempo	çoxdan	[ʧox'dan]
há pouco tempo	bir az bundan əvvəl	['bir 'az bun'dan æv'væl]
destino (m)	qismət	[gis'mæt]
recordações (f pl)	xatirə	[χati'ræ]
arquivo (m)	arxiv	[ar'χiv]

durante ...	zamanı ...	[zama'nı ...]
durante muito tempo	uzun zaman	[u'zun za'man]
pouco tempo	az vaxta	[az vaχ'ta]
cedo (levantar-se ~)	erkən	[ɛrkæ'æn]
tarde (deitar-se ~)	gec	['gɛʤʲ]

para sempre	əbədi olaraq	[æbæ'di o'larah]
começar (vt)	başlamaq	[baʃla'mah]
adiar (vt)	keçirmək	[kɛʧir'mæk]

simultaneamente	eyni zamanda	['ɛjni zaman'da]
permanentemente	həmişə	['hæmiʃæ]
constante (ruído, etc.)	daimi	[dai'mi]
temporário	müvəqqəti	[myvækkæ'ti]

às vezes	hərdən	[hær'dæn]
raramente	nadir hallarda	[na'dir hallar'da]
frequentemente	tez-tez	['tɛz 'tɛz]

29

21. Linhas e formas

quadrado (m)	kvadrat	[kvad'rat]
quadrado	kvadrat şəkilli	[kvad'rat ʃækil'li]
círculo (m)	dairə	[dai'ræ]
redondo	dəyirmi	[dæjır'mi]
triângulo (m)	üçbucaq	[ytʃbu'dʒʲah]
triangular	üçbucaqlı	[ytʃbudʒʲag'lı]

oval (f)	oval	[o'val]
oval	oval	[o'val]
retângulo (m)	düzbucaqlı dördbucaq	[dyzbudʒʲag'lı dørdbu'dʒʲah]
retangular	düzbucaqlı	[dyzbudʒʲag'lı]

pirâmide (f)	piramida	[pira'mida]
rombo, losango (m)	romb	['romp]
trapézio (m)	trapesiya	[tra'pɛsija]
cubo (m)	kub	['kup]
prisma (m)	prizma	['prizma]

circunferência (f)	çevrə	[tʃɛv'ræ]
esfera (f)	kürə	[ky'ræ]
globo (m)	kürə	[ky'ræ]
diâmetro (m)	diametr	[di'amɛtr]
raio (m)	radius	['radius]
perímetro (m)	perimetr	[pɛ'rimɛtr]
centro (m)	mərkəz	[mær'kæz]

horizontal	üfqi	[yf'gi]
vertical	şaquli	[ʃagu'li]
paralela (f)	paralel	[para'lɛl]
paralelo	paralel	[para'lɛl]

linha (f)	xətt	['χætt]
traço (m)	xətt	['χætt]
reta (f)	düz	['dyz]
curva (f)	əyri	[æj'ri]
fino (linha ~a)	nazik	[na'zik]
contorno (m)	kontur	['kontur]

interseção (f)	kəsişmə	[kæsiʃ'mæ]
ângulo (m) reto	düz bucaq	['dyz bu'dʒʲah]
segmento (m)	seqment	[sɛg'mɛnt]
setor (m)	bölmə	[bøl'mæ]
lado (de um triângulo, etc.)	tərəf	[tæ'ræf]
ângulo (m)	bucaq	[bu'dʒʲah]

22. Unidades de medida

peso (m)	çəki	[tʃæ'ki]
comprimento (m)	uzunluq	[uzun'lʲuh]
largura (f)	en	['ɛn]
altura (f)	hündürlük	[hyndyr'lyk]

profundidade (f)	dərinlik	[dærin'lik]
volume (m)	həcm	['hædʒim]
área (f)	səth	['sæth]

grama (m)	qram	['gram]
miligrama (m)	milliqram	[milli'gram]
quilograma (m)	kiloqram	[kilog'ram]
tonelada (f)	ton	['ton]
libra (453,6 gramas)	girvənkə	[girvæn'kæ]
onça (f)	unsiya	['unsija]

metro (m)	metr	['mɛtr]
milímetro (m)	millimetr	[milli'mɛtr]
centímetro (m)	santimetr	[santi'mɛtr]
quilómetro (m)	kilometr	[kilo'mɛtr]
milha (f)	mil	['mil]

polegada (f)	düym	['dyjm]
pé (304,74 mm)	fut	['fut]
jarda (914,383 mm)	yard	['jard]

| metro (m) quadrado | kvadrat metr | [kvad'rat 'mɛtr] |
| hectare (m) | hektar | [hɛk'tar] |

litro (m)	litr	['litr]
grau (m)	dərəcə	[dæræ'dʒiæ]
volt (m)	volt	['volt]
ampere (m)	amper	[am'pɛr]
cavalo-vapor (m)	at gücü	['at gy'dʒy]

quantidade (f)	miqdar	[miq'dar]
um pouco de ...	bir az ...	['bir 'az ...]
metade (f)	yarım	[ja'rım]
dúzia (f)	on iki	['on i'ki]
peça (f)	ədəd	[æ'dæd]

| dimensão (f) | ölçü | [øl'tʃu] |
| escala (f) | miqyas | [mi'gjas] |

mínimo	minimal	[mini'mal]
menor, mais pequeno	ən kiçik	['æn ki'tʃik]
médio	orta	[or'ta]
máximo	maksimal	[maksi'mal]
maior, mais grande	ən böyük	['æn bø'juk]

23. Recipientes

boião (m) de vidro	şüşə banka	[ʃy'ʃæ ban'ka]
lata (~ de cerveja)	konserv bankası	[kon'sɛrv banka'sı]
balde (m)	vedrə	[vɛd'ræ]
barril (m)	çəllək	[tʃæl'læk]

| bacia (~ de plástico) | ləyən | [læ'jæn] |
| tanque (m) | bak | ['bak] |

cantil (m) de bolso	mehtərə	[mɛhtæ'ræ]
bidão (m) de gasolina	kanistr	[ka'nistr]
cisterna (f)	sistern	[sis'tɛrn]

caneca (f)	parç	['parʧ]
chávena (f)	fincan	[fin'dʒʲan]
pires (m)	nəlbəki	[nælbæ'ki]
copo (m)	stəkan	[stæ'kan]
taça (f) de vinho	qədəh	[gæ'dæh]
panela, caçarola (f)	qazan	[ga'zan]

garrafa (f)	şüşə	[ʃy'ʃæ]
gargalo (m)	boğaz	[bo'gaz]

jarro, garrafa (f)	qrafin	[gra'fin]
jarro (m) de barro	səhənk	[sæ'hænk]
recipiente (m)	qab	['gap]
pote (m)	bardaq	[bar'dah]
vaso (m)	güldan	[gylʲ'dan]

frasco (~ de perfume)	flakon	[fla'kon]
frasquinho (ex. ~ de iodo)	şüşə	[ʃy'ʃæ]
tubo (~ de pasta dentífrica)	tübik	['tybik]

saca (ex. ~ de açúcar)	torba	[tor'ba]
saco (~ de plástico)	paket	[pa'kɛt]
maço (m)	paçka	[paʧ'ka]

caixa (~ de sapatos, etc.)	qutu	[gu'tu]
caixa (~ de madeira)	yeşik	[ɛ'ʃik]
cesta (f)	səbət	[sæ'bæt]

24. Materiais

material (m)	material	[matɛri'al]
madeira (f)	taxta	[taχ'ta]
de madeira	taxta	[taχ'ta]

vidro (m)	şüşə	[ʃy'ʃæ]
de vidro	şüşə	[ʃy'ʃæ]

pedra (f)	daş	['daʃ]
de pedra	daşdan olan	[daʃ'dan o'lan]

plástico (m)	plastik kütlə	[plas'tik kyt'læ]
de plástico	plastik kütlədən qayrılmış	[plas'tik kytlæ'dæn gajrıl'mıʃ]

borracha (f)	rezin	[rɛ'zin]
de borracha	rezin	[rɛ'zin]

tecido, pano (m)	parça	[par'ʧa]
de tecido	parçadan	[parʧa'dan]
papel (m)	kağız	[ka'ɣız]

de papel	kağız	[ka'ɣız]
cartão (m)	karton	[kar'ton]
de cartão	karton	[kar'ton]

polietileno (m)	polietilen	[poliæti'lɛn]
celofane (m)	sellofan	[sɛllo'fan]
contraplacado (m)	faner	[fa'nɛr]

porcelana (f)	çini qab	['ʧini 'gap]
de porcelana	çini	['ʧini]
barro (f)	gil	['gil]
de barro	saxsı	[saχ'sı]
cerâmica (f)	keramika	[kɛ'ramika]
de cerâmica	keramik	[kɛra'mik]

25. Metais

metal (m)	metal	[mɛ'tal]
metálico	metal	[mɛ'tal]
liga (f)	xəlitə	[χæli'tæ]

ouro (m)	qızıl	[gı'zıl]
de ouro	qızıl	[gı'zıl]
prata (f)	gümüş	[gy'myʃ]
de prata	gümüş	[gy'myʃ]

ferro (m)	dəmir	[dæ'mir]
de ferro	dəmir	[dæ'mir]
aço (m)	polad	[po'lad]
de aço	polad	[po'lad]
cobre (m)	mis	['mis]
de cobre	mis	['mis]

alumínio (m)	alümin	[aly'min]
de alumínio	alümin	[aly'min]
bronze (m)	bürünc	[by'ryndʒ']
de bronze	bürünc	[by'ryndʒ']

latão (m)	latun	[la'tun]
níquel (m)	nikel	['nikɛl]
platina (f)	platin	[pla'tin]
mercúrio (m)	civə	[dʒ'i'væ]
estanho (m)	qalay	[ga'laj]
chumbo (m)	qurğuşun	[gurɣu'ʃun]
zinco (m)	sink	['sink]

O SER HUMANO

O ser humano. O corpo

26. Humanos. Conceitos básicos

ser (m) humano	adam	[a'dam]
homem (m)	kişi	[ki'ʃi]
mulher (f)	qadın	[ga'dın]
criança (f)	uşaq	[u'ʃah]
menina (f)	qız	['gız]
menino (m)	oğlan	[o'ɣlan]
adolescente (m)	yeniyetmə	[ɛniɛt'mæ]
velho (m)	qoca	[go'dʒ'a]
velha, anciã (f)	qarı	[ga'rı]

27. Anatomia humana

organismo (m)	orqanizm	[orga'nizm]
coração (m)	ürək	[y'ræk]
sangue (m)	qan	['gan]
artéria (f)	arteriya	[ar'tɛrija]
veia (f)	vena	['vɛna]
cérebro (m)	beyin	[bɛ'jın]
nervo (m)	sinir	[si'nir]
nervos (m pl)	sinirlər	[sinir'lær]
vértebra (f)	fəqərə	[fægæ'ræ]
coluna (f) vertebral	onurğa sümüyü	[onur'ɣa symy'ju]
estômago (m)	mədə	[mæ'dæ]
intestinos (m pl)	bağırsaqlar	[baɣırsag'lar]
intestino (m)	bağırsaq	[baɣır'sah]
fígado (m)	qara ciyər	[ga'ra dʒi'jær]
rim (m)	böyrək	[bøj'ræk]
osso (m)	sümük	[sy'myk]
esqueleto (m)	skelet	[skɛ'lɛt]
costela (f)	qabırqa	[gabır'ga]
crânio (m)	kəllə	[kæl'læ]
músculo (m)	əzələ	[æzæ'læ]
bíceps (m)	biseps	['bisɛps]
tríceps (m)	triseps	['trisɛps]
tendão (m)	vətər	[væ'tær]
articulação (f)	oynaq	[oj'nah]

pulmões (m pl)	ağ ciyər	['aɣ dʒʲi'ær]
órgãos (m pl) genitais	cinsiyyət orqanları	[dʒʲinsi'æt 'organları]
pele (f)	dəri	[dæ'ri]

28. Cabeça

cabeça (f)	baş	['baʃ]
cara (f)	üz	['yz]
nariz (m)	burun	[bu'run]
boca (f)	ağız	[a'ɣız]

olho (m)	göz	['gøz]
olhos (m pl)	gözlər	[gøz'lær]
pupila (f)	göz bəbəyi	[gøz bæ'bæjı]
sobrancelha (f)	qaş	['gaʃ]
pestana (f)	kirpik	[kir'pik]
pálpebra (f)	göz qapağı	[gøz gapa'ɣı]

língua (f)	dil	['dil]
dente (m)	diş	['diʃ]
lábios (m pl)	dodaq	[do'dah]
maçãs (f pl) do rosto	almacıq sümüyü	[alma'dʒʲıh symy'ju]
gengiva (f)	diş əti	['diʃ æ'ti]
palato (m)	damağ	[da'maɣ]

narinas (f pl)	burun deşikləri	[bu'run dɛʃiklæ'ri]
queixo (m)	çənə	[tʃæ'næ]
mandíbula (f)	çənə	[tʃæ'næ]
bochecha (f)	yanaq	[ja'nah]

testa (f)	alın	[a'lın]
têmpora (f)	gicgah	[gidʒʲ'gah]
orelha (f)	qulaq	[gu'lah]
nuca (f)	peysər	[pɛj'sær]
pescoço (m)	boyun	[bo'jun]
garganta (f)	boğaz	[bo'gaz]

cabelos (m pl)	saç	['satʃ]
penteado (m)	saç düzümü	['satʃ dyzy'my]
corte (m) de cabelo	saç vurdurma	['satʃ vurdur'ma]
peruca (f)	parik	[pa'rik]

bigode (m)	bığ	['bıɣ]
barba (f)	saqqal	[sak'kal]
usar, ter (~ barba, etc.)	qoymaq	[goj'mah]
trança (f)	hörük	[hø'ryk]
suíças (f pl)	bakenbard	[bakɛn'bard]

ruivo	kürən	[ky'ræn]
grisalho	saçı ağarmış	[sa'tʃı aɣar'mıʃ]
calvo	keçəl	[kɛ'tʃæl]
calva (f)	daz	['daz]
rabo-de-cavalo (m)	quyruq	[guj'ruh]
franja (f)	zülf	['zylʲf]

29. Corpo humano

mão (f)	əl	['æl]
braço (m)	qol	['gol]

dedo (m)	barmaq	[bar'mah]
polegar (m)	baş barmaq	['baʃ bar'mah]
dedo (m) mindinho	çeçələ barmaq	[ʧɛʧæ'læ bar'mah]
unha (f)	dırnaq	[dır'nah]

punho (m)	yumruq	[jum'ruh]
palma (f) da mão	ovuc içi	[o'vuʤ i'ʧi]
pulso (m)	bilək	[bi'læk]
antebraço (m)	bazu önü	[ba'zı ø'ny]
cotovelo (m)	dirsək	[dir'sæk]
ombro (m)	çiyin	[ʧi'jın]

perna (f)	topuq	[to'puh]
pé (m)	pəncə	[pæn'ʤʲæ]
joelho (m)	diz	['diz]
barriga (f) da perna	baldır	[bal'dır]
anca (f)	omba	[om'ba]
calcanhar (m)	daban	[da'ban]

corpo (m)	bədən	[bæ'dæn]
barriga (f)	qarın	[ga'rın]
peito (m)	sinə	[si'næ]
seio (m)	döş	['døʃ]
lado (m)	böyür	[bø'jur]
costas (f pl)	kürək	[ky'ræk]
região (f) lombar	bel	['bɛl]
cintura (f)	bel	['bɛl]

umbigo (m)	göbək	[gø'bæk]
nádegas (f pl)	sağrı	[sa'ɣrı]
traseiro (m)	arxa	[ar'χa]

sinal (m)	xal	['χal]
tatuagem (f)	tatuirovka	[tatui'rovka]
cicatriz (f)	çapıq	[ʧa'pıh]

Vestuário & Acessórios

30. Roupa exterior. Casacos

roupa (f)	geyim	[gɛ'jım]
roupa (f) exterior	üst geyim	[ʃust gɛ'jım]
roupa (f) de inverno	qış paltarı	['gıʃ palta'rı]
sobretudo (m)	palto	[pal'to]
casaco (m) de peles	kürk	['kyrk]
casaco curto (m) de peles	yarımkürk	[jarım'kyrk]
casaco (m) acolchoado	pərğu geyim	[pær'ɣu gɛ'jım]
casaco, blusão (m)	gödəkcə	[gødæk'ʧæ]
impermeável (m)	plaş	['plaʃ]
impermeável	su buraxmayan	['su bu'raxmajan]

31. Vestuário de homem & mulher

camisa (f)	köynək	[køj'næk]
calças (f pl)	şalvar	[ʃal'var]
calças (f pl) de ganga	cins	['ʤins]
casaco (m) de fato	pencək	[pɛn'ʤæk]
fato (m)	kişi üçün kostyum	[ki'ʃi ju'ʧun kos'tˌum]
vestido (ex. ~ vermelho)	don	['don]
saia (f)	yubka	[yb'ka]
blusa (f)	bluzka	[blˌuz'ka]
casaco (m) de malha	yun kofta	['jun kof'ta]
casaco, blazer (m)	jaket	[ʒa'kɛt]
T-shirt, camiseta (f)	futbolka	[futbol'ka]
calções (Bermudas, etc.)	şort	['ʃort]
fato (m) de treino	idman paltarı	[id'man palta'rı]
roupão (m) de banho	hamam xələti	[ha'mam xælæ'ti]
pijama (m)	pijama	[pi'ʒama]
suéter (m)	sviter	['svitɛr]
pulôver (m)	pulover	[pulo'vɛr]
colete (m)	jilet	[ʒi'lɛt]
fraque (m)	frak	['frak]
smoking (m)	smokinq	['smokinh]
uniforme (m)	forma	['forma]
roupa (f) de trabalho	iş paltarı	['iʃ palta'rı]
fato-macaco (m)	kombinezon	[kombinɛ'zon]
bata (~ branca, etc.)	həkim xələti	[hæ'kim xælæ'ti]

32. Vestuário. Roupa interior

roupa (f) interior	alt paltarı	['alt palta'rı]
camisola (f) interior	mayka	[maj'ka]
peúgas (f pl)	corab	[dʒ'o'rap]

camisa (f) de noite	gecə köynəyi	[gɛ'dʒ'æ køjnæ'jɪ]
sutiã (m)	büsthalter	[byst'haltɛr]
meias longas (f pl)	golf corab	['golf dʒo'rap]
meia-calça (f)	kolqotka	[kolgot'ka]
meias (f pl)	uzun corab	[u'zun dʒo'rap]
fato (m) de banho	çimmə paltarı	[tʃim'mæ palta'rı]

33. Adereços de cabeça

chapéu (m)	papaq	[pa'pah]
chapéu (m) de feltro	şlyapa	['ʃlapa]
boné (m) de beisebol	beysbol papağı	[bɛjs'bol papa'ɣı]
boné (m)	kepka	[kɛp'ka]

boina (f)	beret	[bɛ'rɛt]
capuz (m)	kapyuşon	[kapy'ʃon]
panamá (m)	panama	[pa'nama]
gorro (m) de malha	yun papaq	['jun pa'pah]

| lenço (m) | baş örtüyü | ['baʃ ørty'ju] |
| chapéu (m) de mulher | kiçik şlyapa | [ki'tʃik 'ʃlapa] |

capacete (m) de proteção	kaska	[kas'ka]
bibico (m)	pilot papağı	[pi'lot papa'ɣı]
capacete (m)	dəbilqə	[dæbil'gæ]

| chapéu-coco (m) | kotelok | [kotɛ'lok] |
| chapéu (m) alto | silindr | [si'lindr] |

34. Calçado

calçado (m)	ayaqqabı	[ajakka'bı]
botinas (f pl)	botinka	[botin'ka]
sapatos (de salto alto, etc.)	tufli	[tuf'li]
botas (f pl)	uzunboğaz çəkmə	[uzunbo'ɣaz tʃæk'mæ]
pantufas (f pl)	şap-şap	['ʃap 'ʃap]

ténis (m pl)	krossovka	[kros'sovka]
sapatilhas (f pl)	ket	['kɛt]
sandálias (f pl)	səndəl	[sæn'dæl]

sapateiro (m)	çəkməçi	[tʃækmæ'tʃi]
salto (m)	daban	[da'ban]
par (m)	tay	['taj]
atacador (m)	qaytan	[gaj'tan]

apertar os atacadores	qaytanlamaq	[gajtanla'mah]
calçadeira (f)	dabançəkən	[dabantʃæ'kæn]
graxa (f) para calçado	ayaqqabı kremi	[ajakka'bı krɛ'mi]

35. Têxtil. Tecidos

algodão (m)	pambıq parça	[pam'bıh par'tʃa]
de algodão	pambıq parçadan	[pam'bıh partʃa'dan]
linho (m)	kətan	[kæ'tan]
de linho	kətan parçadan	[kæ'tan partʃa'dan]

seda (f)	ipək	[i'pæk]
de seda	ipək	[i'pæk]
lã (f)	yun	['jun]
de lã	yun	['jun]

veludo (m)	məxmər	[mæχ'mær]
camurça (f)	zamşa	['zamʃa]
bombazina (f)	velvet	[vɛl'vɛt]

náilon (m)	neylon	[nɛj'lon]
de náilon	neylondan	[nɛjlon'dan]
poliéster (m)	poliester	[poli'æstɛr]
de poliéster	poliesterdən hazırlanan	[poli'æstɛrdæn hazırla'nan]

couro (m)	dəri	[dæ'ri]
de couro	dəridən	[dæri'dæn]
pele (f)	xəz	['χæz]
de peles, de pele	xəzdən tikilmiş	[χæz'dæn tikil'miʃ]

36. Acessórios pessoais

luvas (f pl)	əlcək	[æl'dʒʲæk]
mitenes (f pl)	təkbarmaq əlcək	[tækbar'mah æl'dʒʲæk]
cachecol (m)	şərf	['ʃærf]

óculos (m pl)	eynək	[ɛj'næk]
armação (f) de óculos	çərçivə	[tʃærtʃi'væ]
guarda-chuva (m)	çətir	[tʃæ'tir]
bengala (f)	əl ağacı	['æl aɣa'dʒʲı]
escova (f) para o cabelo	şaç şotkası	['satʃ ʃotka'sı]
leque (m)	yelpik	[ɛl'pik]

gravata (f)	qalstuk	['galstuk]
gravata-borboleta (f)	kəpənək qalstuk	[kæpæ'næk 'galstuk]
suspensórios (m pl)	çiyinbağı	[tʃijınba'ɣı]
lenço (m)	cib dəsmalı	['dʒʲip dæsma'lı]

pente (m)	daraq	[da'rah]
travessão (m)	baş sancağı	['baʃ sandʒʲa'ɣı]
gancho (m) de cabelo	baş sancağı	['baʃ sandʒʲa'ɣı]
fivela (f)	toqqa	[tok'ka]

cinto (m)	kəmər	[kæ'mær]
correia (f)	kəmərcik	[kæmær'dʒik]

mala (f)	çanta	[ʧan'ta]
mala (f) de senhora	qadın cantası	[ga'dın ʧanta'sı]
mochila (f)	arxa çantası	[ar'χa ʧanta'sı]

37. Vestuário. Diversos

moda (f)	moda	['moda]
na moda	dəbdə olan	[dæb'dæ o'lan]
estilista (m)	modelçi	[modɛl'ʧi]

colarinho (m), gola (f)	yaxalıq	[jaχa'lıh]
bolso (m)	cib	['dʒib]
de bolso	cib	['dʒib]
manga (f)	qol	['gol]
alcinha (f)	ilmə asqı	[ilʲ'mæ as'gı]
braguilha (f)	miyança	[mijan'ʧa]

fecho (m) de correr	zəncir-bənd	[zɛn'dʒir 'bænd]
fecho (m), colchete (m)	bənd	['bænd]
botão (m)	düymə	[dyj'mæ]
casa (f) de botão	ilmə	[ilʲ'mæ]
soltar-se (vr)	qopmaq	[gop'mah]

coser, costurar (vi)	tikmək	[tik'mæk]
bordar (vt)	naxış tikmək	[na'χıʃ tik'mæk]
bordado (m)	naxış	[na'χıʃ]
agulha (f)	iynə	[ij'næ]
fio (m)	sap	['sap]
costura (f)	tikiş	[ti'kiʃ]

sujar-se (vr)	çirklənmək	[ʧirklæn'mæk]
mancha (f)	ləkə	[læ'kæ]
engelhar-se (vr)	əzilmək	[æzil'mæk]
rasgar (vt)	cırmaq	[dʒır'mah]
traça (f)	güvə	[gy'væ]

38. Cuidados pessoais. Cosméticos

pasta (f) de dentes	diş məcunu	['diʃ mædʒy'nu]
escova (f) de dentes	diş fırçası	['diʃ fırʧa'sı]
escovar os dentes	dişləri fırçalamaq	[diʃlæ'ri fırʧala'mah]

máquina (f) de barbear	ülgüc	[ylʲ'gydʒ]
creme (m) de barbear	üz qırxmaq üçün krem	['juz gırχ'mah ju'ʧun 'krɛm]
barbear-se (vr)	üzünü qırxmaq	[yzy'ny gırχ'mah]

sabonete (m)	sabun	[sa'bun]
champô (m)	şampun	[ʃam'pun]
tesoura (f)	qayçı	[gaj'ʧı]

lima (f) de unhas	dırnaq üçün kiçik bıçqı	[dır'nah ju'ʧun ki'ʧik bıʧ'gı]
corta-unhas (m)	dırnaq üçün kiçik kəlbətin	[dır'nah ju'ʧun ki'ʧik kælbæ'tin]
pinça (f)	maqqaş	[mak'kaʃ]

cosméticos (m pl)	kosmetika	[kos'mɛtika]
máscara (f) facial	maska	[mas'ka]
manicura (f)	manikür	[mani'kyr]
fazer a manicura	manikür etmək	[mani'kyr ɛt'mæk]
pedicure (f)	pediкür	[pɛdi'kyr]

mala (f) de maquilhagem	kosmetika üçün kiçik çanta	[kos'mɛtika ju'ʧun ki'ʧik ʧan'ta]
pó (m)	pudra	[pud'ra]
caixa (f) de pó	pudra qabı	[pud'ra ga'bı]
blush (m)	ənlik	[æn'lik]

perfume (m)	ətir	[æ'tir]
água (f) de toilette	ətirli su	[ætir'li 'su]
loção (f)	losyon	[lo'sjon]
água-de-colónia (f)	odekolon	[odɛko'lon]

sombra (f) de olhos	göz ətrafına sürülən boyalar	[gøz ætrafı'na syry'læn boja'lar]
lápis (m) delineador	göz üçün karandaş	[gøz ju'ʧun karan'daʃ]
máscara (f), rímel (m)	kirpik üçün tuş	[kir'pik ju'ʧun 'tuʃ]

batom (m)	dodaq boyası	[do'dah boja'sı]
verniz (m) de unhas	dırnaq üçün lak	[dır'nah ju'ʧun 'lak]
laca (f) para cabelos	saç üçün lak	['saʧ ju'ʧun 'lak]
desodorizante (m)	dezodorant	[dɛzodo'rant]

creme (m)	krem	['krɛm]
creme (m) de rosto	üz kremi	['juz krɛ'mi]
creme (m) de mãos	əl kremi	['æl krɛ'mi]
creme (m) antirrugas	qırışığa qarşı krem	[gırıʃı'ɣa gar'ʃı 'krɛm]
creme (m) de dia	gündüz kremi	[gyn'dyz krɛ'mi]
creme (m) de noite	gecə kremi	[gɛ'ʤʲæ krɛ'mi]

tampão (m)	tampon	[tam'pon]
papel (m) higiénico	tualet kağızı	[tua'lɛt kʲaɣı'zı]
secador (m) elétrico	fen	['fɛn]

39. Joalheria

joias (f pl)	cəvahirat	[ʤʲævahi'rat]
precioso	qiymətli	[gijmæt'li]
marca (f) de contraste	damğa	[dam'ɣa]

anel (m)	üzük	[y'zyk]
aliança (f)	nişan üzüyü	[ni'ʃan juzy'ju]
pulseira (f)	qolbağ	[gol'baɣ]
brincos (m pl)	sırğa	[sır'ɣa]
colar (m)	boyunbağı	[bojunba'ɣı]

| coroa (f) | tac | ['tadʒi] |
| colar (m) de contas | muncuq | [mun'dʒyh] |

diamante (m)	brilyant	[bri'ljant]
esmeralda (f)	zümrüd	[zym'ryd]
rubi (m)	yaqut	[ja'gut]
safira (f)	sapfir	[sap'fir]
pérola (f)	mirvari	[mirva'ri]
âmbar (m)	kəhrəba	[kæhræ'ba]

40. Relógios de pulso. Relógios

relógio (m) de pulso	qol saatı	[gol saa'tı]
mostrador (m)	siferblat	[sifɛrb'lat]
ponteiro (m)	əqrəb	[æg'ræp]
bracelete (f) em aço	saat bilərziyi	[sa'at bilærzi'jı]
bracelete (f) em couro	qayış	[ga'jıʃ]

pilha (f)	batareya	[bata'rɛja]
descarregar-se	sıradan çıxmaq	[sıra'dan tʃıχ'mah]
trocar a pilha	batareyanı dəyişmək	[bata'rɛjanı dæjıʃ'mæk]
estar adiantado	irəli getmək	[iræ'li gɛt'mæk]
estar atrasado	geri qalmaq	[gɛ'ri gal'mah]

relógio (m) de parede	divar saatı	[di'var saa'tı]
ampulheta (f)	qum saatı	['gum saa'tı]
relógio (m) de sol	günəş saatı	[gy'næʃ saa'tı]
despertador (m)	zəngli saat	[zæng'li sa'at]
relojoeiro (m)	saatsaz	[saa'tsaz]
reparar (vt)	təmir etmək	[tæ'mir ɛt'mæk]

Alimentação. Nutrição

41. Comida

carne (f)	et	['æt]
galinha (f)	toyuq	[to'juh]
frango (m)	cücə	[dʒy'dʒʲæ]
pato (m)	ördək	[ør'dæk]
ganso (m)	qaz	['gaz]
caça (f)	ov quşları və heyvanları	['ov guʃla'rı 'væ hɛjvanla'rı]
peru (m)	hind toyuğu	['hind toju'ɣu]
carne (f) de porco	donuz əti	[do'nuz æ'ti]
carne (f) de vitela	dana əti	[da'na æ'ti]
carne (f) de carneiro	qoyun əti	[go'jun æ'ti]
carne (f) de vaca	mal əti	['mal æ'ti]
carne (f) de coelho	ev dovşanı	['ɛv dovʃa'nı]
chouriço, salsichão (m)	kolbasa	[kolba'sa]
salsicha (f)	sosiska	[sosis'ka]
bacon (m)	bekon	['bɛkon]
fiambre (f)	vetçina	[vɛtʃi'na]
presunto (m)	donuz budu	[do'nuz bu'du]
patê (m)	paştet	[paʃ'tɛt]
fígado (m)	qara ciyər	[ga'ra dʒi'jær]
carne (f) moída	qiymə	[gij'mæ]
língua (f)	dil	['dil]
ovo (m)	yumurta	[jumur'ta]
ovos (m pl)	yumurtalar	[jumurta'lar]
clara (f) do ovo	zülal	[zy'lal]
gema (f) do ovo	yumurtanın sarısı	[jumurta'nın sarı'sı]
peixe (m)	balıq	[ba'lıh]
mariscos (m pl)	dəniz məhsulları	[dæ'niz mæhsulla'rı]
caviar (m)	kürü	[ky'ry]
caranguejo (m)	qısaquyruq	[gısaguj'ruh]
camarão (m)	krevet	[krɛ'vɛt]
ostra (f)	istridyə	[istri'dʲæ]
lagosta (f)	lanqust	[lan'gust]
polvo (m)	səkkizayaqlı ilbiz	[sækkizajag'lı il'biz]
lula (f)	kalmar	[kal'mar]
esturjão (m)	nərə balığı	[næ'ræ balı'ɣı]
salmão (m)	qızılbalıq	[gızılba'lıh]
halibute (m)	paltus	['paltus]
bacalhau (m)	treska	[trɛs'ka]
cavala, sarda (f)	skumbriya	['skumbrija]

| atum (m) | tunes | [tu'nɛs] |
| enguia (f) | angvil balığı | [ang'vil balı'ɣı] |

truta (f)	alabalıq	[alaba'lıh]
sardinha (f)	sardina	[sar'dina]
lúcio (m)	durnabalığı	[durnabalı'ɣı]
arenque (m)	siyənək	[sijæ'næk]

pão (m)	çörək	[ʧœ'ræk]
queijo (m)	pendir	[pɛn'dir]
açúcar (m)	şəkər	[ʃæ'kær]
sal (m)	duz	['duz]

arroz (m)	düyü	[dy'ju]
massas (f pl)	makaron	[maka'ron]
talharim (m)	əriştə	[æriʃ'tæ]

manteiga (f)	kərə yağı	[kæ'ræ jaɣı]
óleo (m) vegetal	bitki yağı	[bit'ki ja'ɣı]
óleo (m) de girassol	günəbaxan yağ	[gynæba'χan jaɣ]
margarina (f)	marqarin	[marga'rin]

| azeitonas (f pl) | zeytun | [zɛj'tun] |
| azeite (m) | zeytun yağı | [zɛj'tun ja'ɣı] |

leite (m)	süd	['syd]
leite (m) condensado	qatılaşdırılmış süd	[gatılaʃdırıl'mıʃ 'syd]
iogurte (m)	yoqurt	['jogurt]
nata (f) azeda	xama	[χa'ma]
nata (f) do leite	xama	[χa'ma]

| maionese (f) | mayonez | [majo'nɛz] |
| creme (m) | krem | ['krɛm] |

grãos (m pl) de cereais	yarma	[jar'ma]
farinha (f)	un	['un]
enlatados (m pl)	konserv	[kon'sɛrv]

flocos (m pl) de milho	qarğıdalı yumağı	[garɣıda'lı juma'ɣı]
mel (m)	bal	['bal]
doce (m)	cem	['ʤ'ɛm]
pastilha (f) elástica	saqqız	[sak'kız]

42. Bebidas

água (f)	su	['su]
água (f) potável	içməli su	[iʧmæ'li 'su]
água (f) mineral	mineral su	[minɛ'ral 'su]

sem gás	qazsız	[gaz'sız]
gaseificada	qazlı	[gaz'lı]
com gás	qazlı	[gaz'lı]
gelo (m)	buz	['buz]
com gelo	buzlu	[buz'lʲu]

sem álcool	spirtsiz	[spir'tsiz]
bebida (f) sem álcool	spirtsiz içki	[spir'tsiz iʧ'ki]
refresco (m)	sərinləşdirici içki	[særinlæʃdiri'ʤʲi iʧ'ki]
limonada (f)	limonad	[limo'nad]
bebidas (f pl) alcoólicas	spirtli içkilər	[spirt'li iʧki'lær]
vinho (m)	çaxır	[ʧa'χɪr]
vinho (m) branco	ağ çaxır	['aɣ ʧa'χɪr]
vinho (m) tinto	qırmızı çaxır	[gɪrmɪ'zɪ ʧa'χɪr]
licor (m)	likyor	[li'kʲor]
champanhe (m)	şampan	[ʃam'pan]
vermute (m)	vermut	['vɛrmut]
uísque (m)	viski	['viski]
vodka (f)	araq	[a'rah]
gim (m)	cin	['ʤʲin]
conhaque (m)	konyak	[ko'njak]
rum (m)	rom	['rom]
café (m)	qəhvə	[gæh'væ]
café (m) puro	qara qəhvə	[ga'ra gæh'væ]
café (m) com leite	südlü qəhvə	[syd'ly gæh'væ]
cappuccino (m)	xamalı qəhvə	[χama'lɪ gæh'væ]
café (m) solúvel	tez həll olunan qəhvə	['tɛz 'hæll olʲu'nan gæh'væ]
leite (m)	süd	['syd]
coquetel (m)	kokteyl	[kok'tɛjl]
batido (m) de leite	südlü kokteyl	[syd'ly kok'tɛjl]
sumo (m)	şirə	[ʃi'ræ]
sumo (m) de tomate	tomat şirəsi	[to'mat ʃiræ'si]
sumo (m) de laranja	portağal şirəsi	[porta'ɣal ʃiræ'si]
sumo (m) fresco	təzə sıxılmış şirə	[tæ'zæ sɪχɪl'mɪʃ ʃi'ræ]
cerveja (f)	pivə	[pi'væ]
cerveja (f) clara	açıq rəngli pivə	[a'ʧɪh ræng'li pi'væ]
cerveja (f) preta	tünd rəngli pivə	['tynd ræng'li pi'væ]
chá (m)	çay	['ʧaj]
chá (m) preto	qara çay	[ga'ra 'ʧaj]
chá (m) verde	yaşıl çay	[ja'ʃɪl 'ʧaj]

43. Vegetais

legumes (m pl)	tərəvəz	[tæræ'væz]
verduras (f pl)	göyərti	[gøjær'ti]
tomate (m)	pomidor	[pomi'dor]
pepino (m)	xiyar	[χi'jar]
cenoura (f)	kök	['køk]
batata (f)	kartof	[kar'tof]
cebola (f)	soğan	[so'ɣan]
alho (m)	sarımsaq	[sarɪm'sah]

couve (f)	kələm	[kæ'læm]
couve-flor (f)	gül kələm	['gylʲ kæ'læm]
couve-de-bruxelas (f)	Brüssel kələmi	['bryssɛl kælæ'mi]
brócolos (m pl)	brokkoli kələmi	['brokkoli kælæ'mi]

beterraba (f)	çuğundur	[ʧuɣun'dur]
beringela (f)	badımcan	[badım'ʤan]
curgete (f)	yunan qabağı	[ju'nan gaba'ɣı]
abóbora (f)	balqabaq	[balga'bah]
nabo (m)	şalğam	[ʃal'ɣam]

salsa (f)	petruşka	[pɛtruʃ'ka]
funcho, endro (m)	şüyüt	[ʃy'jut]
alface (f)	salat	[sa'lat]
aipo (m)	kərəviz	[kæræ'viz]
espargo (m)	qulançar	[gulan'ʧar]
espinafre (m)	ispanaq	[ispa'nah]

ervilha (f)	noxud	[no'χud]
fava (f)	paxla	[paχ'la]
milho (m)	qarğıdalı	[garɣıda'lı]
feijão (m)	lobya	[lo'bja]

pimentão (m)	bibər	[bi'bær]
rabanete (m)	turp	['turp]
alcachofra (f)	ənginar	[ængi'nar]

44. Frutos. Nozes

fruta (f)	meyvə	[mɛj'væ]
maçã (f)	alma	[al'ma]
pera (f)	armud	[ar'mud]
limão (m)	limon	[li'mon]
laranja (f)	portağal	[porta'ɣal]
morango (m)	bağ çiyələyi	['baɣ ʧijælæ'jı]

tangerina (f)	mandarin	[manda'rin]
ameixa (f)	gavalı	[gava'lı]
pêssego (m)	şaftalı	[ʃafta'lı]
damasco (m)	ərik	[æ'rik]
framboesa (f)	moruq	[mo'ruh]
ananás (m)	ananas	[ana'nas]

banana (f)	banan	[ba'nan]
melancia (f)	qarpız	[gar'pız]
uva (f)	üzüm	[y'zym]
ginja (f)	albalı	[alba'lı]
cereja (f)	gilas	[gi'las]
meloa (f)	yemiş	[ɛ'miʃ]

toranja (f)	qreypfrut	['grɛjpfrut]
abacate (m)	avokado	[avo'kado]
papaia (f)	papaya	[pa'paja]
manga (f)	manqo	['mango]

romã (f)	nar	['nar]
groselha (f) vermelha	qırmızı qarağat	[gırmı'zı gara'ɣat]
groselha (f) preta	qara qarağat	[ga'ra gara'ɣat]
groselha (f) espinhosa	krıjovnik	[krı'ʒovnik]
mirtilo (m)	qaragilə	[garagi'læ]
amora silvestre (f)	böyürtkən	[bøyrt'kæn]

uvas (f pl) passas	kişmiş	[kiʃ'miʃ]
figo (m)	əncir	[æn'dʒir]
tâmara (f)	xurma	[ɣur'ma]

amendoim (m)	araxis	[a'raɣis]
amêndoa (f)	badam	[ba'dam]
noz (f)	qoz	['goz]
avelã (f)	fındıq	[fın'dıh]
coco (m)	kokos	[ko'kos]
pistáchios (m pl)	püstə	[pys'tæ]

45. Pão. Bolaria

pastelaria (f)	qənnadı məmulatı	[gænna'dı mæmula'tı]
pão (m)	çörək	[tʃœ'ræk]
bolacha (f)	peçenye	[pɛ'tʃɛnjɛ]

chocolate (m)	şokolad	[ʃoko'lad]
de chocolate	şokolad	[ʃoko'lad]
rebuçado (m)	konfet	[kon'fɛt]
bolo (cupcake, etc.)	pirojna	[piroʒ'na]
bolo (m) de aniversário	tort	['tort]

tarte (~ de maçã)	piroq	[pi'roh]
recheio (m)	iç	['itʃ]

doce (m)	mürəbbə	[myræb'bæ]
geleia (f) de frutas	marmelad	[marmɛ'lad]
waffle (m)	vafli	[vaf'li]
gelado (m)	dondurma	[dondur'ma]

46. Pratos cozinhados

prato (m)	yemək	[ɛ'mæk]
cozinha (~ portuguesa)	mətbəx	[mæt'bæɣ]
receita (f)	resept	[rɛ'sɛpt]
porção (f)	porsiya	['porsija]

salada (f)	salat	[sa'lat]
sopa (f)	şorba	[ʃor'ba]

caldo (m)	ətin suyu	[æ'tin su'ju]
sandes (f)	buterbrod	[butɛr'brod]
ovos (m pl) estrelados	qayqanaq	[gajga'nah]
hambúrguer (m)	hamburqer	['hamburgɛr]

bife (m)	bifşteks	[bifʃ'tɛks]
conduto (m)	qarnir	[gar'nir]
espaguete (m)	spaqetti	[spa'gɛtti]
puré (m) de batata	kartof püresi	[kar'tof pyrɛ'si]
pizza (f)	pitsa	['pitsa]
papa (f)	sıyıq	[sı'jıh]
omelete (f)	omlet	[om'lɛt]

cozido em água	bişmiş	[biʃ'miʃ]
fumado	hisə verilmiş	[hi'sæ vɛril'miʃ]
frito	qızardılmış	[gızardıl'mıʃ]
seco	quru	[gu'ru]
congelado	dondurulmuş	[dondurul'muʃ]
em conserva	duza qoyulmuş	[du'za gojul'muʃ]

doce (açucarado)	şirin	[ʃi'rin]
salgado	duzlu	[duz'lʲu]
frio	soyuq	[so'juh]
quente	isti	[is'ti]
amargo	acı	[a'dʒʲı]
gostoso	dadlı	[dad'lı]

cozinhar (em água a ferver)	bişirmək	[biʃir'mæk]
fazer, preparar (vt)	hazırlamaq	[hazırla'mah]
fritar (vt)	qızartmaq	[gızart'mah]
aquecer (vt)	qızdırmaq	[gızdır'mah]

salgar (vt)	duz vurmaq	['duz vur'mah]
apimentar (vt)	istiot vurmaq	[isti'ot vur'mah]
ralar (vt)	sürtkəcdə xırdalamaq	[syrtkædʒʲ'dæ χırdala'mah]
casca (f)	qabıq	[ga'bıh]
descascar (vt)	qabığını soymaq	[gabıɣı'nı soj'mah]

47. Especiarias

sal (m)	duz	['duz]
salgado	duzlu	[duz'lʲu]
salgar (vt)	duz vurmaq	['duz vur'mah]

pimenta (f) preta	qara istiot	[ga'ra isti'ot]
pimenta (f) vermelha	qırmızı istiot	[gırmı'zı isti'ot]
mostarda (f)	xardal	[χar'dal]
raiz-forte (f)	qıtığotu	[gıtıɣo'tu]

condimento (m)	yeməyə dad verən əlavə	[ɛmæ'jæ 'dad vɛ'ræn æla'væ]
especiaria (f)	ədviyyat	[ædvi'at]
molho (m)	sous	['sous]
vinagre (m)	sirkə	[sir'kæ]

anis (m)	cirə	[dʒʲi'ræ]
manjericão (m)	reyhan	[rɛj'han]
cravo (m)	mixək	[mi'χæk]
gengibre (m)	zəncəfil	[zændʒʲæ'fil]
coentro (m)	keşniş	[kɛʃ'niʃ]

canela (f)	darçın	[dar'tʃɪn]
sésamo (m)	küncüt	[kyn'dʒyt]
folhas (f pl) de louro	dəfnə yarpağı	[dæf'næ jarpa'ɣɪ]
páprica (f)	paprika	['paprika]
cominho (m)	zirə	[zi'ræ]
açafrão (m)	zəfəran	[zæfæ'ran]

48. Refeições

comida (f)	yemək	[ɛ'mæk]
comer (vt)	yemək	[ɛ'mæk]

pequeno-almoço (m)	səhər yeməyi	[sæ'hær ɛmɛ'jɪ]
tomar o pequeno-almoço	səhər yeməyi yemək	[sæ'hær ɛmæ'jɪ ɛ'mæk]
almoço (m)	nahar	[na'har]
almoçar (vi)	nahar etmək	[na'har ɛt'mæk]
jantar (m)	axşam yeməyi	[aχ'ʃam ɛmɛ'jɪ]
jantar (vi)	axşam yeməyi yemək	[aχ'ʃam ɛmæ'jɪ ɛ'mæk]

apetite (m)	iştaha	[iʃta'ha]
Bom apetite!	Nuş olsun!	['nuʃ ol'sun]

abrir (~ uma lata, etc.)	açmaq	[atʃ'mah]
derramar (vt)	tökmək	[tøk'mæk]
derramar-se (vr)	tökülmək	[tøkyl'mæk]
ferver (vi)	qaynamaq	[gajna'mah]
ferver (vt)	qaynatmaq	[gajnat'mah]
fervido	qatnamış	[gajna'mɪʃ]
arrefecer (vt)	soyutmaq	[sojʊt'mah]
arrefecer-se (vr)	soyumaq	[soju'mah]

sabor, gosto (m)	dad	['dad]
gostinho (m)	dad	['dad]

fazer dieta	pəhriz saxlamaq	[pæh'riz saχla'mah]
dieta (f)	pəhriz	[pæh'riz]
vitamina (f)	vitamin	[vita'min]
caloria (f)	kaloriya	[ka'lorija]
vegetariano (m)	ət yeməyən adam	['æt 'ɛmæjæn a'dam]
vegetariano	ətsiz xörək	[æ'tsiz χø'ræk]

gorduras (f pl)	yağlar	[ja'ɣlar]
proteínas (f pl)	zülallar	[zylal'lar]
carboidratos (m pl)	karbohidratlar	[karbohidrat'lar]
fatia (~ de limão, etc.)	dilim	[di'lim]
pedaço (~ de bolo)	tikə	[ti'kæ]
migalha (f)	qırıntı	[gɪrɪn'tɪ]

49. Por a mesa

colher (f)	qaşıq	[ga'ʃɪh]
faca (f)	bıçaq	[bɪ'tʃah]

garfo (m)	çəngəl	[ʧæ'ngæl]
chávena (f)	fincan	[fin'ʤʲan]
prato (m)	boşqab	[boʃ'gap]
pires (m)	nəlbəki	[nælbæ'ki]
guardanapo (m)	salfetka	[salfɛt'ka]
palito (m)	dişqurdalayan	[diʃgurdala'jan]

50. Restaurante

restaurante (m)	restoran	[rɛsto'ran]
café (m)	qəhvəxana	[gæhvæχa'na]
bar (m), cervejaria (f)	bar	['bar]
salão (m) de chá	çay salonu	['ʧaj salo'nu]

empregado (m) de mesa	ofisiant	[ofisi'ant]
empregada (f) de mesa	ofisiant qız	[ofisi'ant 'gız]
barman (m)	barmen	['barmɛn]

ementa (f)	menyu	[mɛ'nju]
lista (f) de vinhos	çaxırlar kartı	[ʧaχır'lar kar'tı]
reservar uma mesa	masa sifarişi etmək	[ma'sa sifa'riʃ ɛt'mæk]

prato (m)	yemək	[ɛ'mæk]
pedir (vt)	yemək sifarişi etmək	[ɛ'mæk sifa'riʃ æt'mæk]
fazer o pedido	sifariş etmək	[sifa'riʃ ɛt'mæk]

aperitivo (m)	aperitiv	[apɛri'tiv]
entrada (f)	qəlyanaltı	[gæ'ljanaltı]
sobremesa (f)	desert	[dɛ'sɛrt]

conta (f)	hesab	[hɛ'sap]
pagar a conta	hesabı ödəmək	[hɛsa'bı ødæ'mæk]
dar o troco	pulun artığını qaytarmaq	[pu'lʲun artıɣı'nı gajtar'mah]
gorjeta (f)	çaypulu	[ʧajpu'lʲu]

Família, parentes e amigos

51. Informação pessoal. Formulários

nome (m)	ad	['ad]
apelido (m)	soyadı	['sojadı]
data (f) de nascimento	anadan olduğu tarix	[ana'dan oldu'ɣu ta'riχ]
local (m) de nascimento	anadan olduğu yer	[ana'dan oldu'ɣu 'ɛr]
nacionalidade (f)	milliyəti	[millijæ'ti]
lugar (m) de residência	yaşayış yeri	[jaʃa'jıʃ jɛ'ri]
país (m)	ölkə	[øl'kæ]
profissão (f)	peşəsi	[pɛʃæ'si]
sexo (m)	cinsi	[dʒ'in'si]
estatura (f)	boyu	[bo'ju]
peso (m)	çəki	[ʧæ'ki]

52. Membros da família. Parentes

mãe (f)	ana	[a'na]
pai (m)	ata	[a'ta]
filho (m)	oğul	[o'ɣul]
filha (f)	qız	['gız]
filha (f) mais nova	kiçik qız	[ki'ʧik 'gız]
filho (m) mais novo	kiçik oğul	[kiʧik o'ɣul]
filha (f) mais velha	böyük qız	[bø'juk 'gız]
filho (m) mais velho	böyük oğul	[bøyk o'ɣul]
irmão (m)	qardaş	[gar'daʃ]
irmã (f)	bacı	[ba'dʒ'ı]
primo (m)	xalaoğlu	[χalao'ɣlʲu]
prima (f)	xalaqızı	[χalagı'zı]
mamã (f)	ana	[a'na]
papá (m)	ata	[a'ta]
pais (pl)	valideynlər	[validɛjn'lær]
criança (f)	uşaq	[u'ʃah]
crianças (f pl)	uşaqlar	[uʃag'lar]
avó (f)	nənə	[næ'næ]
avô (m)	baba	[ba'ba]
neto (m)	nəvə	[næ'væ]
neta (f)	nəvə	[næ'væ]
netos (pl)	nəvələr	[nævæ'lær]
tio (m)	dayı	[da'jı]
tia (f)	xala	[χa'la]

sobrinho (m)	bacıoğlu	[badʒʲɪoˈɣlʲu]
sobrinha (f)	bacıqızı	[badʒʲɪgɪˈzɪ]

sogra (f)	qayınana	[gajɪnaˈna]
sogro (m)	qayınata	[gajnaˈta]
genro (m)	yezne	[ɛzˈnæ]
madrasta (f)	analıq	[anaˈlɪh]
padrasto (m)	atalıq	[ataˈlɪh]

criança (f) de colo	südəmər uşaq	[sydæˈmær uˈʃah]
bebé (m)	çağa	[ʧaˈɣa]
menino (m)	körpə	[kørˈpæ]

mulher (f)	arvad	[arˈvad]
marido (m)	ər	[ˈær]
esposo (m)	həyat yoldaşı	[hæˈjat joldaˈʃɪ]
esposa (f)	həyat yoldaşı	[hæˈjat joldaˈʃɪ]

casado	evli	[ɛvˈli]
casada	ərli qadın	[ærˈli gaˈdɪn]
solteiro	subay	[suˈbaj]
solteirão (m)	subay	[suˈbaj]
divorciado	boşanmış	[boʃanˈmɪʃ]
viúva (f)	dul qadın	[ˈdul gaˈdɪn]
viúvo (m)	dul kişi	[ˈdul kiˈʃi]

parente (m)	qohum	[goˈhum]
parente (m) próximo	yaxın qohum	[jaˈχɪn goˈhum]
parente (m) distante	uzaq qohum	[uˈzah goˈhum]
parentes (m pl)	qohumlar	[gohumˈlar]

órfão (m), órfã (f)	yetim	[ɛˈtim]
tutor (m)	himayəçi	[himajæˈʧi]
adotar (um filho)	oğulluğa götürmək	[oɣulʲˈlʲu ɣa gøtyrˈmæk]
adotar (uma filha)	qızlığa götürmək	[gɪzlɪˈɣa gøtyrˈmæk]

53. Amigos. Colegas de trabalho

amigo (m)	dost	[ˈdost]
amiga (f)	rəfiqə	[ræfiˈgæ]
amizade (f)	dostluq	[dostˈlʲuh]
ser amigos	dostluq etmək	[dostˈlʲuh ɛtˈmæk]

amigo (m)	dost	[ˈdost]
amiga (f)	rəfiqə	[ræfiˈgæ]
parceiro (m)	partnyor	[partˈnʲor]

chefe (m)	rəis	[ræˈis]
superior (m)	müdir	[myˈdir]
subordinado (m)	tabelikdə olan	[tabɛlikˈdæ oˈlan]
colega (m)	peşə yoldaşı	[pɛˈʃæ joldaˈʃɪ]

conhecido (m)	tanış	[taˈnɪʃ]
companheiro (m) de viagem	yol yoldaşı	[ˈjol joldaˈʃɪ]

colega (m) de classe	sinif yoldaşı	[si'nif jolda'ʃı]
vizinho (m)	qonşu	[gon'ʃu]
vizinha (f)	qonşu	[gon'ʃu]
vizinhos (pl)	qonşular	[gonʃu'lar]

54. Homem. Mulher

mulher (f)	qadın	[ga'dın]
rapariga (f)	qız	['gız]
noiva (f)	nişanlı	[niʃan'lı]

bonita	gözəl	[gø'zæl]
alta	ucaboylu	[udʒˈaboj'lʲu]
esbelta	boylu-buxunlu	[boj'lʲu buxun'lʲu]
de estatura média	bəstəboylu	[bæstæboj'lʲu]

loura (f)	sarıyağız	[sarıja'ɣız]
morena (f)	qarayağız	[garaja'ɣız]

de senhora	qadın	[ga'dın]
virgem (f)	bakirə qız	[baki'ræ 'gız]
grávida	hamilə	[hami'læ]

homem (m)	kişi	[ki'ʃi]
louro (m)	sarıyağız	[sarıja'ɣız]
moreno (m)	qarayağız	[garaja'ɣız]
alto	hündür	[hyn'dyr]
de estatura média	bəstəboylu	[bæstæboj'lʲu]

rude	kobud	[ko'bud]
atarracado	enlikürək	[ɛnliky'ræk]
robusto	canıbərk	[dʒʲa'nı 'bærk]
forte	güclü	[gydʒʲ'ly]
força (f)	güc	['gydʒʲ]

gordo	yoğun	[jo'ɣun]
moreno	qarabuğdayı	[garabuɣda'jı]
esbelto	boylu-buxunlu	[boj'lʲu buxun'lʲu]
elegante	zövqlü	[zøvg'ly]

55. Idade

idade (f)	yaş	['jaʃ]
juventude (f)	gənclik	[gændʒʲ'lik]
jovem	cavan	[dʒʲa'van]

mais novo	kiçik	[ki'ʧik]
mais velho	böyük	[bø'juk]

jovem (m)	gənc oğlan	['gændʒʲ o'ɣlan]
adolescente (m)	yeniyetmə	[ɛniɛt'mæ]
rapaz (m)	oğlan	[o'ɣlan]

velho (m)	qoca	[goˈdʒʲa]
velhota (f)	qarı	[gaˈrı]

adulto	yetişkin	[ɛtiʃˈkin]
de meia-idade	orta yaşlı	[orˈta jaʃˈlı]
idoso, de idade	yaşa dolmuş	[jaˈʃa dolˈmuʃ]
velho	qoca	[goˈdʒʲa]

reforma (f)	təqaüd	[tægaˈjud]
reformar-se (vr)	təqaüdə çıxmaq	[tægayˈdæ ʧıχˈmah]
reformado (m)	təqaüdçü	[tægaydˈʧu]

56. Crianças

criança (f)	uşaq	[uˈʃah]
crianças (f pl)	uşaqlar	[uʃagˈlar]
gémeos (m pl)	əkizlər	[ækizˈlær]

berço (m)	beşik	[bɛˈʃik]
guizo (m)	şax-şax	[ˈʃaχ ˈʃaχ]
fralda (f)	uşaq əskisi	[uˈʃah æskiˈsi]

chupeta (f)	əmzik	[æmˈzik]
carrinho (m) de bebé	uşaq arabası	[uˈʃah arabaˈsı]
jardim (m) de infância	uşaq baxçası	[uˈʃah baχʧaˈsı]
babysitter (f)	dayə	[daˈjæ]

infância (f)	uşaqlıq	[uʃagˈlıh]
boneca (f)	gəlincik	[gɛlinˈdʒʲik]
brinquedo (m)	oyuncaq	[ojunˈdʒʲah]
jogo (m) de armar	konstruktor	[konstˈruktor]

bem-educado	tərbiyəli	[tærbijæˈli]
mal-educado	tərbiyəsiz	[tærbijæˈsiz]
mimado	ərköyün	[ærkøˈjun]

ser travesso	dəcəllik etmək	[dædʒʲælˈlik ɛtˈmæk]
travesso, traquinas	dəcəl	[dæˈdʒʲæl]
travessura (f)	dəcəllik	[dædʒʲælˈlik]
criança (f) travessa	dəcəl uşaq	[dæˈdʒʲæl uˈʃah]

obediente	sözə baxan	[søˈzæ baˈχan]
desobediente	sözə baxmayan	[søˈzæ ˈbaχmajan]

dócil	düşüncəli	[dyʃyndʒʲæˈli]
inteligente	ağıllı	[aɣılˈlı]
menino (m) prodígio	vunderkind	[vundɛrˈkind]

57. Casais. Vida de família

beijar (vt)	öpmək	[øpˈmæk]
beijar-se (vr)	öpüşmək	[øpyʃˈmæk]

família (f)	ailə	[ai'læ]
familiar	ailəli	[ailæ'li]
casal (m)	ər-arvad	['ær ar'vad]
matrimónio (m)	ailə həyatı	[ai'læ hæja'tı]
lar (m)	ailə ocağı	[ai'læ oʤ'a'ɣı]
dinastia (f)	sülalə	[syla'læ]

| encontro (m) | görüş | [gø'ryʃ] |
| beijo (m) | öpüş | [ø'pyʃ] |

amor (m)	sevqi	[sɛv'gi]
amar (vt)	sevmək	[sɛv'mæk]
amado, querido	sevqili	[sɛvgi'li]

ternura (f)	zəriflik	[zærif'lik]
terno, afetuoso	zərif	[zæ'rif]
fidelidade (f)	sədaqət	[sæda'gæt]
fiel	sadiq	[sa'dih]
cuidado (m)	qayğı	[gaj'ɣı]
carinhoso	qayğıkeş	[gajɣı'kɛʃ]

recém-casados (m pl)	yeni evlənənlər	[ɛ'ni ævlænæn'lær]
lua de mel (f)	bal ayı	['bal a'jı]
casar-se (com um homem)	ərə getmək	[æ'ræ gɛt'mæk]
casar-se (com uma mulher)	evlənmək	[ɛvlæn'mæk]

boda (f)	toy	['toj]
bodas (f pl) de ouro	qızıl toy	[gı'zıl 'toj]
aniversário (m)	ildönümü	[ildøny'my]

| amante (m) | məşuq | [mæ'ʃuh] |
| amante (f) | məşuqə | [mæʃu'gæ] |

adultério (m)	xəyanət	[xæja'næt]
cometer adultério	xəyanət etmək	[xæja'næt ɛt'mæk]
divórcio (m)	boşanma	[boʃan'ma]
divorciar-se (vr)	boşanmaq	[boʃan'mah]

brigar (discutir)	dalaşmaq	[dalaʃ'mah]
fazer as pazes	barışmaq	[barıʃ'mah]
juntos	birlikdə	[birlik'dæ]
sexo (m)	seks	['sɛks]

felicidade (f)	xoşbəxtlik	[xoʃbæχt'lik]
feliz	xoşbəxt	[xoʃ'bæχt]
infelicidade (f)	bədbəxtlik	[bædbæχt'lik]
infeliz	bədbəxt	[bæd'bæχt]

Caráter. Sentimentos. Emoções

58. Sentimentos. Emoções

sentimento (m)	hiss	['his]
sentimentos (m pl)	hisslər	[hiss'lær]

fome (f)	aclıq	[adʒ'lıh]
ter fome	yemək istəmək	[ɛ'mæk istɛ'mæk]
sede (f)	susuzluq	[susuz'lʲuh]
ter sede	içmək istəmək	[itʃ'mæk istæ'mæk]
sonolência (f)	yuxululuq	[juχulʲu'lʲuh]
estar sonolento	yatmaq istəmək	[jat'mah istæ'mæk]

cansaço (m)	yorğunluq	[jorɣun'lʲuh]
cansado	yorğun	[jor'ɣun]
ficar cansado	yorulmaq	[jorul'mah]

humor (m)	əhval-ruhiyyə	[æh'val ruhi'æ]
tédio (m)	darıxma	[darıχ'ma]
aborrecer-se (vr)	darıxmaq	[darıχ'mah]
isolamento (m)	tənhalıq	[tænha'lıh]
isolar-se	tənha bir yerə çəkilmək	[tæn'ha 'bir ɛ'ræ tʃækil'mæk]

preocupar (vt)	narahat etmək	[nara'hat ɛt'mæk]
preocupar-se (vr)	narahat olmaq	[nara'hat ol'mah]
preocupação (f)	narahatçılıq	[narahatʃı'lıh]
ansiedade (f)	həyacan	[hæja'dʒʲan]
preocupado	qayğılı	[gajɣı'lı]
estar nervoso	əsəbiləşmək	[æsæbilæʃ'mæk]
entrar em pânico	vahiməyə düşmək	[vahimæ'jæ dyʃ'mæk]

esperança (f)	ümid	[y'mid]
esperar (vt)	ümid etmək	[y'mid ɛt'mæk]

certeza (f)	əminlik	[æmin'lik]
certo	əmin	[æ'min]
indecisão (f)	əmin olmama	[æ'min 'olmama]
indeciso	əmin olmayan	[æ'min 'olmajan]

ébrio, bêbado	sərxoş	[sær'χoʃ]
sóbrio	içki içməyən	[itʃ'ki 'itʃmæjæn]
fraco	zəif	[zæ'if]
feliz	bəxti üzdə olan	[bæχ'ti juz'dæ o'lan]
assustar (vt)	qorxutmaq	[gorχut'mah]
fúria (f)	quduzluq	[guduz'lʲuh]
ira, raiva (f)	qəzəb	[gæ'zæp]

depressão (f)	ruh düşkünlüyü	['ruh dyʃkynly'ju]
desconforto (m)	narahatlıq	[narahat'lıh]

conforto (m)	rahatlıq	[rahat'lıh]
arrepender-se (vr)	heyfsilənmək	[hɛjfsilæn'mæk]
arrependimento (m)	heyfsilənmə	[hɛjfsilæn'mæ]
azar (m), má sorte (f)	uğursuzluq	[uɣursuz'lʲuh]
tristeza (f)	dilxorluq	[dilχor'lʲuh]

vergonha (f)	xəcalət	[χædʒʲa'læt]
alegria (f)	şənlik	[ʃæn'lik]
entusiasmo (m)	ruh yüksəkliyi	['ruh juksɛkli'jı]
entusiasta (m)	entuziast	[ɛntuzi'ast]
mostrar entusiasmo	ruh yüksəkliyi göstərmək	['ruh juksɛkli'jı gøstær'mæk]

59. Caráter. Personalidade

caráter (m)	xasiyyət	[χasi'æt]
falha (f) de caráter	nöqsan	[nøg'san]
mente (f)	ağıl	[a'ɣıl]
razão (f)	dərrakə	[dærra'kæ]

consciência (f)	vicdan	[vidʒʲ'dan]
hábito (m)	vərdiş	[vær'diʃ]
habilidade (f)	qabiliyyət	[gabili'æt]
saber (~ nadar, etc.)	bacarmaq	[badʒʲar'mah]

paciente	səbir	[sæ'bir]
impaciente	səbirli	[sæbir'li]
curioso	hər şeyi bilməyə çalışan	['hær ʃɛ'jı bilmæ'jæ tʃalı'ʃan]
curiosidade (f)	hər şeyi bilmək istəyi	['hær ʃɛ'jı bil'mæk istæ'jı]

modéstia (f)	təvazökarlıq	[tævazøkar'lıh]
modesto	təvazökar	[tævazø'kar]
imodesto	təvazökar olmayan	[tævazø'kar 'olmajan]

preguiça (f)	tənbəllik	['tæn'bællik]
preguiçoso	tənbəl	[tæn'bæl]
preguiçoso (m)	tənbəl	[tæn'bæl]

astúcia (f)	hiyləgərlik	[hijlægær'lik]
astuto	hiyləgər	[hijlæ'gær]
desconfiança (f)	inamsızlıq	[inamsız'lıh]
desconfiado	heç kəsə inanmayan	['hɛtʃ kæ'sæ i'nanmajan]

generosidade (f)	səxavət	[sæχa'væt]
generoso	səxavətli	[sæχavæt'li]
talentoso	istedadlı	[istɛdad'lı]
talento (m)	istedad	[istɛ'dad]

corajoso	cəsarətli	[dʒʲæsaræt'li]
coragem (f)	cəsarət	[dʒʲæsa'ræt]
honesto	namus	[na'mus]
honestidade (f)	namuslu	[namus'lʲu]

prudente	ehtiyatlı	[ɛhtijat'lı]
valente	cürətli	[dʒyræt'li]

| sério | ciddi | [dʒʲid'di] |
| severo | tələbkar | [tælæb'kar] |

decidido	qətiyyətli	[gætiæt'li]
indeciso	qətiyyətsiz	[gætiæ'tsiz]
tímido	cəsarətsiz	[dʒʲæsaræ'tsiz]
timidez (f)	cəsarətsizlik	[dʒʲæsarætsiz'lik]

confiança (f)	inam	[i'nam]
confiar (vt)	inanmaq	[inan'mah]
crédulo	hər kəsə inanan	['hær kæ'sæ ina'nan]

sinceramente	səmimiyyətlə	[sæmimi'ætlæ]
sincero	səmimi	[sæmi'mi]
sinceridade (f)	səmimiyyət	[sæmimi'æt]
aberto	səmimi	[sæmi'mi]

calmo	sakit	[sa'kit]
franco	səmimi	[sæmi'mi]
ingénuo	sadəlövh	[sadæ'løvh]
distraído	fikri dağınıq	[fik'ri daɣı'nıh]
engraçado	məzəli	[mæzæ'li]

ganância (f)	acgözlük	[adʒʲgøz'lyk]
ganancioso	acgöz	[adʒʲ'gøz]
avarento	xəsis	[χæ'sis]
mau	hirsli	[hirs'li]
teimoso	inadkar	[inad'kar]
desagradável	nifrət oyadan	[nif'ræt oja'dan]

egoísta (m)	xudbin adam	[χud'bin a'dam]
egoísta	xudbin	[χud'bin]
cobarde (m)	qorxaq	[gor'χah]
cobarde	qorxaq	[gor'χah]

60. O sono. Sonhos

dormir (vi)	yatmaq	[jat'mah]
sono (m)	yuxu	[ju'χu]
sonho (m)	röya	[rø'ja]
sonhar (vi)	yuxu görmək	[ju'χu gør'mæk]
sonolento	yuxulu	[juχu'lʲu]

cama (f)	çarpayı	[ʧarpa'jı]
colchão (m)	döşək	[dø'ʃæk]
cobertor (m)	yorğan	[jor'ɣan]
almofada (f)	yastıq	[jas'tıh]
lençol (m)	mələfə	[mælæ'fæ]

insónia (f)	yuxusuzluq	[juχusuz'lʲuh]
insone	yuxusuz	[juχu'suz]
sonífero (m)	yuxu dərmanı	[ju'χu dærma'nı]
tomar um sonífero	yuxu dərmanı qəbul etmək	[ju'χu dærma'nı gæ'bul ɛt'mæk]

estar sonolento	yatmaq istəmək	[jat'mah istæ'mæk]
bocejar (vi)	əsnəmək	[æsnæ'mæk]
ir para a cama	yatmağa getmək	[jatma'ɣa gɛtmæk]
fazer a cama	yorğan-döşək salmaq	[jor'ɣan dø'ʃæk sal'mah]
adormecer (vi)	yuxulamaq	[juχula'mah]

pesadelo (m)	kabus	[ka'bus]
ronco (m)	xorultu	[χorul'tu]
roncar (vi)	xoruldamaq	[χorulda'mah]

despertador (m)	zəngli saat	[zæng'li sa'at]
acordar, despertar (vt)	oyatmaq	[ojat'mah]
acordar (vi)	oyanmaq	[ojna'mah]
levantar-se (vr)	qalxmaq	[galχ'mah]
lavar-se (vr)	əl-üz yumaq	['æl 'juz ju'mah]

61. Humor. Riso. Alegria

humor (m)	yumor	['jumor]
sentido (m) de humor	hiss	['his]
divertir-se (vr)	şənlənmək	[ʃænlæn'mæk]
alegre	şən	['ʃæn]
alegria (f)	şənlik	[ʃæn'lik]

sorriso (m)	təbəssüm	[tæbæs'sym]
sorrir (vi)	gülümsəmək	[gylymsæ'mæk]
começar a rir	gülmək	[gylʲ'mæk]
rir (vi)	gülmək	[gylʲ'mæk]
riso (m)	gülüş	[gy'lyʃ]

anedota (f)	lətifə	[læti'fæ]
engraçado	məzəli	[mæzæ'li]
ridículo	gülməli	[gylmæ'li]

brincar, fazer piadas	zarafat etmək	[zara'fat ɛt'mæk]
piada (f)	zarafat	[zara'fat]
alegria (f)	sevinc	[sɛ'vindʒʲ]
regozijar-se (vr)	sevinmək	[sɛvin'mæk]
alegre	sevincli	[sɛvindʒʲ'li]

62. Discussão, conversação. Parte 1

| comunicação (f) | ünsiyyət | [ynsi'æt] |
| comunicar-se (vr) | ünsiyyət saxlamaq | [ynsi'æt saχla'mah] |

conversa (f)	danışıq	[danı'ʃih]
diálogo (m)	dialoq	[dia'loh]
discussão (f)	müzakirə	[myzaki'ræ]
debate (m)	mübahisə	[mybahi'sæ]
debater (vt)	mübahisə etmək	[mybahi'sæ ɛt'mæk]
interlocutor (m)	həmsöhbət	[hæmsøh'bæt]
tema (m)	mövzu	[møv'zu]

ponto (m) de vista	nöqteyi-nəzər	[nøg'tɛi næ'zær]
opinião (f)	mülahizə	[mylahi'zæ]
discurso (m)	nitq	['nith]

discussão (f)	müzakirə	[myzaki'ræ]
discutir (vt)	müzakirə etmək	[myzaki'ræ ɛt'mæk]
conversa (f)	söhbət	[søh'bæt]
conversar (vi)	söhbət etmək	[søh'bæt ɛt'mæk]
encontro (m)	görüş	[gø'ryʃ]
encontrar-se (vr)	görüşmək	[gøryʃ'mæk]

provérbio (m)	atalar sözü	[ata'lar sø'zy]
ditado (m)	zərbi-məsəl	['zærbi mæ'sæl]
adivinha (f)	tapmaca	[tapma'dʒʲa]
dizer uma adivinha	tapmaca demək	[tapma'dʒʲa dɛ'mæk]
senha (f)	parol	[pa'rol]
segredo (m)	gizli iş	[giz'li 'iʃ]

juramento (m)	and	['and]
jurar (vi)	and içmək	['and iʧ'mæk]
promessa (f)	vəd	['væd]
prometer (vt)	vəd etmək	['væd ɛt'mæk]

conselho (m)	məsləhət	[mæslæ'hæt]
aconselhar (vt)	məsləhət vermək	[mæslæ'hæt vɛr'mæk]
escutar (~ os conselhos)	məsləhətə əməl etmək	[mæslæhæ'tæ æ'mæl ɛt'mæk]

novidade, notícia (f)	yenilik	[ɛni'lik]
sensação (f)	sensasiya	[sɛn'sasija]
informação (f)	məlumat	[mæɫu'mat]
conclusão (f)	nəticə	[næti'dʒʲæ]
voz (f)	səs	['sæs]
elogio (m)	kompliment	[kompli'mɛnt]
amável	iltifatlı	[iltifat'lɪ]

palavra (f)	söz	['søz]
frase (f)	ibarə	[iba'ræ]
resposta (f)	cavab	[dʒʲa'vap]

| verdade (f) | həqiqət | [hægi'gæt] |
| mentira (f) | uydurma | [ujdur'ma] |

pensamento (m)	düşüncə	[dyʃyn'dʒʲæ]
ideia (f)	fikir	[fi'kir]
fantasia (f)	xülya	[xy'lja]

63. Discussão, conversação. Parte 2

estimado	hörmət edilən	[hør'mæt ɛdi'læn]
respeitar (vt)	hörmət etmək	[hør'mæt ɛt'mæk]
respeito (m)	hörmət	[hør'mæt]
Estimado ..., Caro ...	Hörmətli ...	[hørmæt'li ...]
apresentar (vt)	tanış etmək	[ta'nɪʃ ɛt'mæk]

intenção (f)	niyyət	[ni'æt]
tencionar (vt)	niyyətində olmaq	[niætin'dæ ol'mah]
desejo (m)	arzu	[ar'zu]
desejar (ex. ~ boa sorte)	arzu etmək	[ar'zu ɛt'mæk]

surpresa (f)	təəccüb	[taæ'dʒyp]
surpreender (vt)	təəccübləndirmək	[taædʒyblændir'mæk]
surpreender-se (vr)	təəccüblənmək	[taædʒyblæn'mæk]

dar (vt)	vermək	[vɛr'mæk]
pegar (tomar)	almaq	[al'mah]
devolver (vt)	qaytarmaq	[gajtar'mah]
retornar (vt)	qaytarmaq	[gajtar'mah]

desculpar-se (vr)	üzr istəmək	['juzr istæ'mæk]
desculpa (f)	bağışlama	[baɣıʃla'ma]
perdoar (vt)	bağışlamaq	[baɣıʃla'mah]

falar (vi)	danışmaq	[danıʃ'mah]
escutar (vt)	qulaq asmaq	[gu'lah as'mah]
ouvir até o fim	dinləmək	[dinlæ'mæk]
compreender (vt)	başa düşmək	[ba'ʃa dyʃ'mæk]

mostrar (vt)	göstərmək	[gøstær'mæk]
olhar para ...	baxmaq	[baχ'mah]
chamar (dizer em voz alta o nome)	çağırmaq	[tʃaɣır'mah]
perturbar (vt)	mane olmaq	[ma'nɛ ol'mah]
entregar (~ em mãos)	vermək	[vɛr'mæk]
pedido (m)	xahiş	[χa'hiʃ]
pedir (ex. ~ ajuda)	xahiş etmək	[χa'hiʃ ɛt'mæk]
exigência (f)	tələb	[tæ'læp]
exigir (vt)	tələb etmək	[tæ'læp ɛt'mæk]

chamar nomes (vt)	cırnatmaq	[dʒʲırnat'mah]
zombar (vt)	rişxənd etmək	[riʃ'χænd ɛt'mæk]
zombaria (f)	rişxənd	[riʃ'χænd]
alcunha (f)	ayama	[aja'ma]

insinuação (f)	eyham	[ɛj'ham]
insinuar (vt)	eyham vurmaq	[ɛj'ham vur'mah]
subentender (vt)	nəzərdə tutmaq	[næzær'dæ tut'mah]

descrição (f)	təsvir	[tæs'vir]
descrever (vt)	təsvir etmək	[tæs'vir ɛt'mæk]
elogio (m)	tərif	[tæ'rif]
elogiar (vt)	tərifləmək	[tæriflæ'mæk]

desapontamento (m)	məyusluq	[mæys'lʲuh]
desapontar (vt)	məyus etmək	[mæ'jus ɛt'mæk]
desapontar-se (vr)	məyus olmaq	[mæ'jus ol'mah]

suposição (f)	fərziyyə	[færzi'æ]
supor (vt)	fərz etmək	['færz ɛt'mæk]
advertência (f)	xəbərdarlıq	[χæbærdar'lıh]
advertir (vt)	xəbərdar etmək	[χæbær'dar ɛt'mæk]

61

64. Discussão, conversação. Parte 3

| convencer (vt) | yola gətirmək | [jo'la gætir'mæk] |
| acalmar (vt) | sakitləşdirmək | [sakitlæʃdir'mæk] |

silêncio (o ~ é de ouro)	susma	[sus'ma]
ficar em silêncio	susmaq	[sus'mah]
sussurrar (vt)	pıçıldamaq	[pɪtʃɪlda'mah]
sussurro (m)	pıçıltı	[pɪtʃɪl'tɪ]

| francamente | açıq | [a'tʃɪh] |
| a meu ver ... | mənim fikrimcə ... | [mæ'nim fik'rimʤʲæ ...] |

detalhe (~ da história)	təfərrüat	[tæfærry'at]
detalhado	ətraflı	[ætraf'lɪ]
detalhadamente	təfərrüatı ilə	[tæfærrya'tɪ i'læ]

| dica (f) | xəlvətçə söyləmə | [χæl'vætʃæ søjlæ'mæ] |
| dar uma dica | xəlvətçə söyləmək | [χæl'vætʃæ søjlæ'mæk] |

olhar (m)	baxış	[ba'χɪʃ]
dar uma vista de olhos	baxmaq	[baχ'mah]
fixo (olhar ~)	durğun	[dur'γun]
piscar (vi)	göz qırpmaq	[gøz gɪrp'mah]
pestanejar (vt)	kirpik çalmaq	[kir'pik tʃal'mah]
acenar (com a cabeça)	başı ilə razılıq bildirmək	[ba'ʃɪ i'læ razɪ'lɪh bildir'mæk]

suspiro (m)	nəfəs alma	[næ'fæs al'ma]
suspirar (vi)	nəfəs almaq	[næ'fæs al'mah]
estremecer (vi)	diksinmək	[diksin'mæk]
gesto (m)	əl-qol hərəkəti	['æl 'gol hærækæ'ti]
tocar (com as mãos)	toxunmaq	[toχun'mah]
agarrar (~ pelo braço)	tutmaq	[tut'mah]
bater de leve	vurmaq	[vur'mah]

Cuidado!	Diqqətli ol!	[dikkæt'li 'ol]
A sério?	Mümkünmü?	[mym'kynmy]
Tem certeza?	Bundan əminsən?	[bun'dan æ'minsæn]
Boa sorte!	Uğurlar olsun!	[uγur'lar ol'sun]
Compreendi!	Aydındır!	[aj'dɪndɪr]
Que pena!	Heyf!	['hɛjf]

65. Acordo. Recusa

consentimento (~ mútuo)	razılıq	[razɪ'lɪh]
consentir (vi)	razı olmaq	[ra'zɪ ol'mah]
aprovação (f)	təqdir etmə	[tæg'dir ɛt'mæ]
aprovar (vt)	təqdir etmək	[tæg'dir ɛt'mæk]
recusa (f)	imtina	[imti'na]
negar-se (vt)	imtina etmək	[imti'na ɛt'mæk]
Está ótimo!	Əla!	[æ'la]
Muito bem!	Yaxşı!	['jaχʃɪ]

Está bem! De acordo!	Oldu!	[ol'du]
proibido	qadağan olmuş	[gada'ɣan ol'muʃ]
é proibido	olmaz	[ol'maz]
é impossível	mümkün deyil	[mym'kyn 'dɛjɪl]
incorreto	yanlış	[jan'lɪʃ]

rejeitar (~ um pedido)	rədd etmək	['rædd ɛt'mæk]
apoiar (vt)	dəstəkləmək	[dæstæklæ'mæk]
aceitar (desculpas, etc.)	qəbul etmək	[gæ'bul ɛt'mæk]

confirmar (vt)	təsdiq etmək	[tæs'dih ɛt'mæk]
confirmação (f)	təsdiq etmə	[tæs'dih ɛt'mæ]
permissão (f)	icazə	[idʒˠa'zæ]
permitir (vt)	icazə vermək	[idʒˠa'zæ vɛr'mæk]
decisão (f)	qərar	[gæ'rar]
não dizer nada	susmaq	[sus'mah]

condição (com uma ~)	şərt	['ʃært]
pretexto (m)	behanə	[bæha'næ]
elogio (m)	tərif	[tæ'rif]
elogiar (vt)	tərifləmək	[tæriflæ'mæk]

66. Sucesso. Boa sorte. Insucesso

êxito, sucesso (m)	müvəffəqiyyət	[myvæffægi'æt]
com êxito	müvəffəqiyyətlə	[myvæffægi'ætlæ]
bem sucedido	müvəffəqiyyətli	[myvæffægiæt'li]

corte (fortuna)	bəxtin gətirməsi	[bæχ'tin gætirmæ'si]
Boa sorte!	Uğurlar olsun!	[uɣur'lar ol'sun]
de sorte	uğurlu	[uɣur'lʲu]
sortudo, felizardo	uğurlu	[uɣur'lʲu]
fracasso (m)	müvəffəqiyyətsizlik	[myvæffægiætsiz'lik]
pouca sorte (f)	uğursuzluq	[uɣursuz'lʲuh]
azar (m), má sorte (f)	uğursuzluq	[uɣursuz'lʲuh]
mal sucedido	uğursuz	[uɣur'suz]
catástrofe (f)	fəlakət	[fæla'kæt]

orgulho (m)	fəxr	['fæχr]
orgulhoso	məğrur	[mæ'ɣrur]
estar orgulhoso	fəxr etmək	['fæχr ɛt'mæk]
vencedor (m)	qalib	[ga'lip]
vencer (vi)	qalib gəlmək	[ga'lip gæl'mæk]
perder (vt)	məğlubiyyətə uğramaq	[mæɣlʲubiæ'tæ uɣra'mah]
tentativa (f)	təşəbbüs	[tæʃæb'bys]
tentar (vt)	cəhd göstərmək	['dʒˠæhd gøstær'mæk]
chance (m)	şans	['ʃans]

67. Conflitos. Emoções negativas

grito (m)	çığırtı	[ʧɪɣɪr'tɪ]
gritar (vi)	çığırmaq	[ʧɪɣɪr'mah]

começar a gritar	çığırmaq	[ʧɯɣɯr'mɑh]
discussão (f)	dalaşma	[dalaʃ'ma]
discutir (vt)	dalaşmaq	[dalaʃ'mah]
escândalo (m)	qalmaqal	[galma'gal]
criar escândalo	qalmaqal salmaq	[galma'gal sal'mah]
conflito (m)	münaqişə	[mynagi'ʃæ]
mal-entendido (m)	anlaşmazlıq	[anlaʃmaz'lıh]

insulto (m)	təhkir	[tæh'kir]
insultar (vt)	təhkir etmək	[tæh'kir ɛt'mæk]
insultado	təhkir olunmuş	[tæh'kir olʲun'muʃ]
ofensa (f)	inciklik	[indʒʲik'lik]
ofender (vt)	incitmək	[indʒʲit'mæk]
ofender-se (vr)	incimək	[indʒʲi'mæk]

indignação (f)	hiddət	[hid'dæt]
indignar-se (vr)	hiddətlənmək	[hiddætlæn'mæk]
queixa (f)	şikayət	[ʃika'jæt]
queixar-se (vr)	şikayət etmək	[ʃika'jæt ɛt'mæk]

desculpa (f)	bağışlama	[baɣɯʃla'ma]
desculpar-se (vr)	üzr istəmək	['juzr istæ'mæk]
pedir perdão	əfv diləmək	['æfv dilæ'mæk]

crítica (f)	tənqid	[tæn'gid]
criticar (vt)	tənqid etmək	[tæn'gid ɛt'mæk]
acusação (f)	ittiham	[itti'ham]
acusar (vt)	ittiham etmək	[itti'ham ɛt'mæk]

vingança (f)	intiqam	[inti'gam]
vingar (vt)	intiqam almaq	[inti'gam al'mah]
vingar-se (vr)	əvəzini çıxmaq	[ævæzi'ni ʧɯx'mah]

desprezo (m)	xor baxılma	['xor baxɯl'ma]
desprezar (vt)	xor baxmaq	['xor bax'mah]
ódio (m)	nifrət	[nif'ræt]
odiar (vt)	nifrət etmək	[nif'ræt ɛt'mæk]

nervoso	əsəbi	[æsæ'bi]
estar nervoso	əsəbiləşmək	[æsæbilæʃ'mæk]
zangado	hirsli	[hirs'li]
zangar (vt)	hirsləndirmək	[hirslændir'mæk]

humilhação (f)	alçaltma	[alʧalt'ma]
humilhar (vt)	alçaltmaq	[alʧalt'mah]
humilhar-se (vr)	alçalmaq	[alʧal'mah]

choque (m)	şok	['ʃok]
chocar (vt)	şok vəziyyətinə salmaq	['ʃok væziæti'næ sal'mah]

aborrecimento (m)	xoşagəlməz hadisə	[xoʃagæl'mæz hadi'sæ]
desagradável	nifrət oyadan	[nif'ræt oja'dan]

medo (m)	qorxu	[gor'xu]
terrível (tempestade, etc.)	şiddətli	[ʃiddæt'li]
assustador (ex. história ~a)	qorxulu	[gorxu'lʲu]

| horror (m) | dəhşət | [dæh'ʃæt] |
| horrível (crime, etc.) | dəhşətli | [dæhʃæt'li] |

chorar (vi)	ağlamaq	[ayla'mah]
começar a chorar	ağlamaq	[ayla'mah]
lágrima (f)	göz yaşı	[gøz ja'ʃı]

falta (f)	qəbahət	[gæba'hæt]
culpa (f)	taqsır	[tag'sır]
desonra (f)	biabırçılıq	[biabırtʃı'lıh]
protesto (m)	etiraz	[ɛti'raz]
stresse (m)	stres	['strɛs]

perturbar (vt)	mane olmaq	[ma'nɛ ol'mah]
zangar-se com ...	hirslənmək	[hirslæn'mæk]
zangado	hirsli	[hirs'li]
terminar (vt)	kəsmək	[kæs'mæk]
praguejar	söyüş söymək	[sø'juʃ søj'mæk]

assustar-se	qorxmaq	[gorχ'mah]
golpear (vt)	vurmaq	[vur'mah]
brigar (na rua, etc.)	dalaşmaq	[dalaʃ'mah]

resolver (o conflito)	nizama salmaq	[niza'ma sal'mah]
descontente	narazı	[nara'zı]
furioso	qəzəbli	[gæzæb'li]

| Não está bem! | Bu, heç də yaxşı iş deyil! | ['bu 'hɛtʃ 'dæ jaχ'ʃı 'iʃ 'dɛjıl] |
| É mau! | Bu, pisdir! | ['bu 'pisdir] |

Medicina

68. Doenças

doença (f)	xəstəlik	[xæstæ'lik]
estar doente	xəstə olmaq	[xæs'tæ ol'mah]
saúde (f)	sağlamlıq	[saɣlam'lıh]
nariz (m) a escorrer	zökəm	[zø'kæm]
amigdalite (f)	angina	[a'ngina]
constipação (f)	soyuqdəymə	[sojugdæj'mæ]
constipar-se (vr)	özünü soyuğa vermək	[øzy'ny soju'ɣa vɛr'mæk]
bronquite (f)	bronxit	[bron'ҳit]
pneumonia (f)	sətəlcəm	[sætæl'dʒʲæm]
gripe (f)	qrip	['grip]
míope	uzağı görməyən	[uza'ɣı 'gørmæjæn]
presbita	uzağı yaxşı görən	[uza'ɣı jaҳ'ʃı gø'ræn]
estrabismo (m)	çəpgözlük	[tʃæpgøz'lyk]
estrábico	çəpgöz	[tʃæp'gøz]
catarata (f)	katarakta	[kata'rakta]
glaucoma (m)	qlaukoma	[glau'koma]
AVC (m), apoplexia (f)	insult	[in'sulʲt]
ataque (m) cardíaco	infarkt	[in'farkt]
enfarte (m) do miocárdio	miokard infarktı	[mio'kard infark'tı]
paralisia (f)	iflic	[if'lidʒʲ]
paralisar (vt)	iflic olmaq	[if'lidʒʲ ol'mah]
alergia (f)	allergiya	[allɛr'gija]
asma (f)	astma	['astma]
diabetes (f)	diabet	[dia'bɛt]
dor (f) de dentes	diş ağrısı	['diʃ aɣrı'sı]
cárie (f)	kariyes	['kariɛs]
diarreia (f)	diareya	[dia'rɛja]
prisão (f) de ventre	qəbizlik	[gæbiz'lik]
desarranjo (m) intestinal	mədə pozuntusu	[mæ'dæ pozuntu'su]
intoxicação (f) alimentar	zəhərlənmə	[zæhærlæn'mæ]
intoxicar-se	qidadan zəhərlənmək	[gida'dan zæhærlæn'mæk]
artrite (f)	artrit	[art'rit]
raquitismo (m)	raxit	[ra'ҳit]
reumatismo (m)	revmatizm	[rɛvma'tizm]
arteriosclerose (f)	ateroskleroz	[atɛrosklɛ'roz]
gastrite (f)	qastrit	[gast'rit]
apendicite (f)	appendisit	[appɛndi'sit]

| colecistite (f) | xolesistit | [xolɛsis'tit] |
| úlcera (f) | xora | [xo'ra] |

sarampo (m)	qızılca	[gızıl'dʒⁱa]
rubéola (f)	məxmərək	[mæxmæ'ræk]
iterícia (f)	sarılıq	[sarı'lıh]
hepatite (f)	hepatit	[hɛpa'tit]

esquizofrenia (f)	şizofreniya	[ʃizofrɛ'nija]
raiva (f)	quduzluq	[guduz'lⁱuh]
neurose (f)	nevroz	[nɛv'roz]
comoção (f) cerebral	beyin sarsıntısı	[bɛ'jın sarsıntı'sı]

cancro (m)	rak	['rak]
esclerose (f)	skleroz	[sklɛ'roz]
esclerose (f) múltipla	dağınıq skleroz	[dayı'nıh sklɛ'roz]

alcoolismo (m)	əyyaşlıq	[æjaʃ'lıh]
alcoólico (m)	əyyaş	[æ'jaʃ]
sífilis (f)	sifilis	['sifilis]
SIDA (f)	QİÇS	['gitʃs]

tumor (m)	şiş	['ʃiʃ]
maligno	bədxassəli	['bædxas'sæli]
benigno	xoşxassəli	[xoʃxas'sæli]

febre (f)	qızdırma	[gızdır'ma]
malária (f)	malyariya	[malⁱa'rija]
gangrena (f)	qanqrena	[gang'rɛna]
enjoo (m)	dəniz xəstəliyi	[dæ'niz xæstæli'jı]
epilepsia (f)	epilepsiya	[ɛpi'lɛpsija]

epidemia (f)	epidemiya	[ɛpi'dɛmija]
tifo (m)	yatalaq	[jata'lah]
tuberculose (f)	vərəm	[væ'ræm]
cólera (f)	vəba	[væ'ba]
peste (f)	taun	[ta'un]

69. Sintomas. Tratamentos. Parte 1

sintoma (m)	əlamət	[æla'mæt]
temperatura (f)	qızdırma	[gızdır'ma]
febre (f)	yüksək qızdırma	[jyk'sæk gızdır'ma]
pulso (m)	nəbz	['næbz]

vertigem (f)	başgicəllənməsi	[baʃgidʒⁱællænmæ'si]
quente (testa, etc.)	isti	[is'ti]
calafrio (m)	titrəmə	[titræ'mæ]
pálido	rəngi ağarmış	[ræ'ngi ayar'mıʃ]

tosse (f)	öskürək	[øsky'ræk]
tossir (vi)	öskürmək	[øskyr'mæk]
espirrar (vi)	asqırmaq	[asgır'mah]
desmaio (m)	bihuşluq	[bihuʃ'lⁱuh]

desmaiar (vi)	huşunu itirmək	['huʃunu itir'mæk]
nódoa (f) negra	qançır	[gan'tʃɪr]
galo (m)	şiş	['ʃiʃ]
magoar-se (vr)	dəymək	[dæj'mæk]
pisadura (f)	zədələmə	[zædælæ'mæ]
aleijar-se (vr)	zədələnmək	[zædælæn'mæk]

coxear (vi)	axsamaq	[aχsa'mah]
deslocação (f)	burxulma	[burχul'ma]
deslocar (vt)	burxutmaq	[burχut'mah]
fratura (f)	sınıq	[sɪ'nıh]
fraturar (vt)	sındırmaq	[sındır'mah]

corte (m)	kəsik	[kæ'sik]
cortar-se (vr)	kəsmək	[kæs'mæk]
hemorragia (f)	qanaxma	[ganaχ'ma]

queimadura (f)	yanıq	[ja'nıh]
queimar-se (vr)	yanmaq	[jan'mah]

picar (vt)	batırmaq	[batır'mah]
picar-se (vr)	batırmaq	[batır'mah]
lesionar (vt)	zədələmək	[zædælæ'mæk]
lesão (m)	zədə	[zæ'dæ]
ferida (f), ferimento (m)	yara	[ja'ra]
trauma (m)	travma	['travma]

delirar (vi)	sayıqlamaq	[sajıgla'mah]
gaguejar (vi)	kəkələmək	[kækælæ'mæk]
insolação (f)	gün vurması	['gyn vurma'sı]

70. Sintomas. Tratamentos. Parte 2

dor (f)	ağrı	[a'ɣrı]
farpa (no dedo)	tikan	[ti'kan]

suor (m)	tər	['tær]
suar (vi)	tərləmək	[tærlæ'mæk]
vómito (m)	qusma	[gus'ma]
convulsões (f pl)	qıc	['gıʤı]

grávida	hamilə	[hami'læ]
nascer (vi)	anadan olmaq	[ana'dan ol'mah]
parto (m)	doğuş	[do'ɣuʃ]
dar à luz	doğmaq	[do'ɣmah]
aborto (m)	uşaq saldırma	[u'ʃah saldır'ma]

respiração (f)	tənəffüs	[tænæf'fys]
inspiração (f)	nəfəs alma	[næ'fæs al'ma]
expiração (f)	nəfəs vermə	[næ'fæs vɛr'mæ]
expirar (vi)	nəfəs vermək	[næ'fæs vɛr'mæk]
inspirar (vi)	nəfəs almaq	[næ'fæs al'mah]
inválido (m)	əlil	[æ'lil]
aleijado (m)	şikəst	[ʃi'kæst]

toxicodependente (m)	narkoman	[narko'man]
surdo	kar	['kar]
mudo	lal	['lal]
surdo-mudo	lal-kar	['lal 'kar]

louco (adj.)	dəli	[dæ'li]
louco (m)	dəli	[dæ'li]
louca (f)	dəli	[dæ'li]
ficar louco	dəli olmaq	[dæ'li ol'mah]

gene (m)	gen	['gɛn]
imunidade (f)	immunitet	[immuni'tɛt]
hereditário	irsi	[ir'si]
congénito	anadangəlmə	[anadangæl'mæ]

vírus (m)	virus	['virus]
micróbio (m)	mikrob	[mik'rop]
bactéria (f)	bakteriya	[bak'tɛrija]
infeção (f)	infeksiya	[in'fɛksija]

71. Sintomas. Tratamentos. Parte 3

hospital (m)	xəstəxana	[χæstæχa'na]
paciente (m)	pasiyent	[pasi'ɛnt]

diagnóstico (m)	diaqnoz	[di'agnoz]
cura (f)	müalicə	[myali'dʒʲæ]
curar-se (vr)	müalicə olunmaq	[myali'dʒʲæ olʲun'mah]
tratar (vt)	müalicə etmək	[myali'dʒʲæ ɛt'mæk]
cuidar (pessoa)	xəstəyə qulluq etmək	[χæstæ'jæ gul'lʲuh ɛt'mæk]
cuidados (m pl)	xəstəyə qulluq	[χæstæ'jæ gul'lʲuh]

operação (f)	əməliyyat	[æmæli'at]
enfaixar (vt)	sarğı bağlamaq	[sar'ɣı baɣla'mah]
enfaixamento (m)	sarğı	[sar'ɣı]

vacinação (f)	peyvənd	[pɛj'vænd]
vacinar (vt)	peyvənd etmək	[pɛj'vænd æt'mæk]
injeção (f)	iynə	[ij'næ]
dar uma injeção	iynə vurmaq	[ij'næ vur'mah]

amputação (f)	amputasiya	[ampu'tasija]
amputar (vt)	amputasiya etmək	[ampu'tasija ɛt'mæk]
coma (f)	koma	['koma]
estar em coma	komaya düşmək	['komaja dyʃ'mæk]
reanimação (f)	reanimasiya	[rɛani'masija]

recuperar-se (vr)	sağalmaq	[saɣal'mah]
estado (~ de saúde)	vəziyyət	[væzi'æt]
consciência (f)	huş	['huʃ]
memória (f)	yaddaş	[jad'daʃ]

tirar (vt)	çəkdirmək	[tʃækdir'mæk]
chumbo (m), obturação (f)	plomb	['plomp]

chumbar, obturar (vt)	plomblamaq	[plombla'mah]
hipnose (f)	hipnoz	[hip'noz]
hipnotizar (vt)	hipnoz etmək	[hip'noz ɛt'mæk]

72. Médicos

médico (m)	həkim	[hæ'kim]
enfermeira (f)	tibb bacısı	['tibp badʒɪ'sɪ]
médico (m) pessoal	şəxsi həkim	[ʃæχ'si hæ'kim]

dentista (m)	diş həkimi	['diʃ hæki'mi]
oculista (m)	göz həkimi	[gøz hæki'mi]
terapeuta (m)	terapevt	[tɛra'pɛvt]
cirurgião (m)	cərrah	[dʒˈær'rah]

psiquiatra (m)	psixiatr	[psiχi'atr]
pediatra (m)	pediatr	[pɛdi'atr]
psicólogo (m)	psixoloq	[psi'χoloh]
ginecologista (m)	ginekoloq	[ginɛ'koloh]
cardiologista (m)	kardioloq	[kardi'oloh]

73. Medicina. Drogas. Acessórios

medicamento (m)	dərman	[dær'man]
remédio (m)	dava	[da'va]
receitar (vt)	yazmaq	[jaz'mah]
receita (f)	resept	[rɛ'sɛpt]

comprimido (m)	həb	['hæp]
pomada (f)	məlhəm	[mæl'hæm]
ampola (f)	ampula	['ampula]
preparado (m)	mikstura	[miks'tura]
xarope (m)	sirop	[si'rop]
cápsula (f)	həb	['hæp]
remédio (m) em pó	toz dərman	['toz dær'man]

ligadura (f)	bint	['bint]
algodão (m)	pambıq	[pam'bɪh]
iodo (m)	yod	['jod]
penso (m) rápido	yapışan məlhəm	[japɪ'ʃan mæl'hæm]
conta-gotas (m)	damcıtökən	[damdʒɪtø'kæn]
termómetro (m)	termometr	[tɛr'momɛtr]
seringa (f)	şpris	['ʃpris]

| cadeira (f) de rodas | əlil arabası | [æ'lil araba'sɪ] |
| muletas (f pl) | qoltuqağacı | [goltugaɣa'dʒˈɪ] |

analgésico (m)	ağrıkəsici	[aɣrɪkæsi'dʒˈi]
laxante (m)	işlətmə dərmanı	[iʃlæt'mæ dærma'nɪ]
álcool (m) etílico	spirt	['spirt]
ervas (f pl) medicinais	bitki	[bit'ki]
de ervas (chá ~)	bitki	[bit'ki]

74. Fumar. Produtos tabágicos

tabaco (m)	tütün	[ty'tyn]
cigarro (m)	siqaret	[siga'rɛt]
charuto (m)	siqara	[si'gara]
cachimbo (m)	tənbəki çubuğu	[tænbæ'ki ʧubu'ɣu]
maço (~ de cigarros)	paçka	[paʧ'ka]

fósforos (m pl)	kibrit	[kib'rit]
caixa (f) de fósforos	kibrit qutusu	[kib'rit gutu'su]
isqueiro (m)	alışqan	[alɪʃ'gan]
cinzeiro (m)	külqabı	['kylⁱgabɪ]
cigarreira (f)	portsiqar	[portsi'gar]

boquilha (f)	müştük	[myʃ'tyk]
filtro (m)	süzgəc	[syz'gædʒⁱ]

fumar (vi, vt)	çəkmək	[ʧæk'mæk]
acender um cigarro	çəkmək	[ʧæk'mæk]
tabagismo (m)	çəkmə	[ʧæk'mæ]
fumador (m)	çəkən	[ʧæ'kæn]

beata (f)	siqaret kötüyü	[siga'rɛt køty'ju]
fumo (m)	tüstü	[tys'ty]
cinza (f)	kül	['kylⁱ]

HABITAT HUMANO

Cidade

75. Cidade. Vida na cidade

cidade (f)	şəhər	[ʃæ'hær]
capital (f)	paytaxt	[paj'taχt]
aldeia (f)	kənd	['kænd]
mapa (m) da cidade	şəhərin planı	[ʃæhæ'rin pla'nı]
centro (m) da cidade	şəhərin mərkəzi	[ʃæhæ'rin mærkæ'zi]
subúrbio (m)	şəhərətrafı qəsəbə	[ʃæhærætra'fı gæsæ'bæ]
suburbano	şəhərətrafı	[ʃæhærætra'fı]
periferia (f)	kənar	[kæ'nar]
arredores (m pl)	ətraf yerlər	[æt'raf ɛr'lɛr]
quarteirão (m)	məhəllə	[mæhæl'læ]
quarteirão (m) residencial	yaşayış məhəlləsi	[jaʃa'jıʃ mæhællæ'si]
tráfego (m)	hərəkət	[hæræ'kæt]
semáforo (m)	svetofor	[svɛto'for]
transporte (m) público	şəhər nəqliyyatı	[ʃæ'hær næglia'tı]
cruzamento (m)	dörd yol ağzı	[dørd 'jol a'ɣzı]
passadeira (f)	keçid	[kɛ'ʧid]
passagem (f) subterrânea	yeraltı keçid	[ɛral'tı kɛ'ʧid]
cruzar, atravessar (vt)	keçmək	[kɛʧ'mæk]
peão (m)	piyada gedən	[pija'da gɛ'dæn]
passeio (m)	küçə səkisi	[ky'ʧæ sæki'si]
ponte (f)	körpü	[kør'py]
margem (f) do rio	sahil küçəsi	[sa'hil kyʧæ'si]
fonte (f)	fəvvarə	['fævva'ræ]
alameda (f)	xiyaban	[χija'ban]
parque (m)	park	['park]
bulevar (m)	bulvar	[bul'var]
praça (f)	meydan	[mɛj'dan]
avenida (f)	prospekt	[pros'pɛkt]
rua (f)	küçə	[ky'ʧæ]
travessa (f)	döngə	[dø'ngæ]
beco (m) sem saída	dalan	[da'lan]
casa (f)	ev	['ɛv]
edifício, prédio (m)	bina	[bi'na]
arranha-céus (m)	göydələn	[gøjdæ'læn]
fachada (f)	fasad	[fa'sad]
telhado (m)	dam	['dam]

janela (f)	pəncərə	[pænʤˈæˈræ]
arco (m)	arka	[ˈarka]
coluna (f)	sütun	[syˈtun]
esquina (f)	tin	[ˈtin]

montra (f)	vitrin	[vitˈrin]
letreiro (m)	lövhə	[løvˈhæ]
cartaz (m)	afişa	[aˈfiʃa]
cartaz (m) publicitário	reklam plakatı	[rɛkˈlam plakaˈtı]
painel (m) publicitário	reklam lövhəsi	[rɛkˈlam løvhæˈsi]

lixo (m)	tullantılar	[tullantıˈlar]
cesta (f) do lixo	urna	[ˈurna]
jogar lixo na rua	zibilləmək	[zibillæˈmæk]
aterro (m) sanitário	zibil tökülən yer	[ziˈbil tøkyˈlæn ˈɛr]

cabine (f) telefónica	telefon budkası	[tɛlɛˈfon budkaˈsı]
candeeiro (m) de rua	fənərli dirək	[fænærˈli diˈræk]
banco (m)	skamya	[skamˈja]

polícia (m)	polis işçisi	[poˈlis iʧʃiˈsi]
polícia (instituição)	polis	[poˈlis]
mendigo (m)	dilənçi	[dilænˈʧi]
sem-abrigo (m)	evsiz-eşiksiz	[ɛvˈsiz æʃikˈsiz]

76. Instituições urbanas

loja (f)	mağaza	[maˈɣaza]
farmácia (f)	aptek	[apˈtɛk]
ótica (f)	optik cihazlar	[opˈtik ʤˈihazˈlar]
centro (m) comercial	ticarət mərkəzi	[tiʤˈaˈræt mærkæˈzi]
supermercado (m)	supermarket	[supɛrˈmarkɛt]

padaria (f)	çörəkçixana	[ʧœrækʧiˈχaˈna]
padeiro (m)	çörəkçi	[ˈʧœrækˈʧi]
pastelaria (f)	şirniyyat mağazası	[ʃirniˈat maˈɣazası]
mercearia (f)	bakaleya mağazası	[bakaˈlɛja maˈɣazası]
talho (m)	ət dükanı	[ˈæt dykaˈnı]

loja (f) de legumes	tərəvəz dükanı	[tæræˈvæz dykaˈnı]
mercado (m)	bazar	[baˈzar]

café (m)	kafe	[kaˈfɛ]
restaurante (m)	restoran	[rɛstoˈran]
bar (m), cervejaria (f)	pivəxana	[pivæχaˈna]
pizzaria (f)	pitseriya	[pitsɛˈrija]

salão (m) de cabeleireiro	bərbərxana	[bærbærχaˈna]
correios (m pl)	poçt	[ˈpoʧt]
lavandaria (f)	kimyəvi təmizləmə	[kimjæˈvi tæmizlæˈmæ]
estúdio (m) fotográfico	fotoatelye	[fotoatɛˈljɛ]

sapataria (f)	ayaqqabı mağazası	[ajakkaˈbı maˈɣazası]
livraria (f)	kitab mağazası	[kiˈtap maˈɣazası]

loja (f) de artigos de desporto	idman malları mağazası	[id'man malla'rı ma'ɣazası]
reparação (f) de roupa	paltarların təmiri	[paltarla'rın tæmi'ri]
aluguer (m) de roupa	paltarların kirayəsi	[paltarla'rın kirajæ'si]
aluguer (m) de filmes	filmlərin kirayəsi	[filmlæ'rin kirajæ'si]

circo (m)	sirk	['sirk]
jardim (m) zoológico	heyvanat parkı	[hɛjva'nat par'kı]
cinema (m)	kinoteatr	[kinotɛ'atr]
museu (m)	muzey	[mu'zɛj]
biblioteca (f)	kitabxana	[kitapχa'na]

teatro (m)	teatr	[tɛ'atr]
ópera (f)	opera	['opɛra]
clube (m) noturno	gecə klubu	[gɛ'dʒ|æ kl|u'bu]
casino (m)	kazino	[kazi'no]

mesquita (f)	məsçid	[mæs'tʃid]
sinagoga (f)	sinaqoq	[sina'goh]
catedral (f)	baş kilsə	['baʃ kil'sæ]
templo (m)	məbəd	[mæ'bæd]
igreja (f)	kilsə	[kil'sæ]

instituto (m)	institut	[insti'tut]
universidade (f)	universitet	[univɛrsi'tɛt]
escola (f)	məktəb	[mæk'tæp]

prefeitura (f)	prefektura	[prɛfɛk'tura]
câmara (f) municipal	bələdiyyə	[bælædi'æ]
hotel (m)	mehmanxana	[mɛhmanχa'na]
banco (m)	bank	['bank]

embaixada (f)	səfirlik	[sæfir'lik]
agência (f) de viagens	turizm agentliyi	[tu'rizm agɛntli'jı]
agência (f) de informações	məlumat bürosu	[mæl|u'mat byro'su]
casa (f) de câmbio	mübadilə məntəqəsi	[mybadi'læ mæntægæ'si]

| metro (m) | metro | [mɛt'ro] |
| hospital (m) | xəstəxana | [χæstæχa'na] |

| posto (m) de gasolina | yanacaq doldurma məntəqəsi | [jana'dʒ|ah doldur'ma mæntægæ'si] |
| parque (m) de estacionamento | avtomobil dayanacağı | [avtomo'bil dajanadʒ|a'ɣı] |

77. Transportes urbanos

autocarro (m)	avtobus	[av'tobus]
elétrico (m)	tramvay	[tram'vaj]
troleicarro (m)	trolleybus	[trol'lɛjbus]
itinerário (m)	marşrut	[marʃ'rut]
número (m)	nömrə	[nøm'ræ]

ir de … (carro, etc.)	getmək	[gɛt'mæk]
entrar (~ no autocarro)	minmək	[min'mæk]
descer de …	enmək	[ɛn'mæk]

74

paragem (f)	dayanacaq	[dajana'dʒ¡ah]
próxima paragem (f)	növbeti dayanacaq	[nøvbæ'ti dajana'dʒ¡ah]
ponto (m) final	axırıncı dayanacaq	[aχırın'dʒ¡ı dajana'dʒ¡ah]
horário (m)	herekat cedveli	[hæræ'kæt dʒ¡ædvæ'li]
esperar (vt)	gözlemek	[gøzlæ'mæk]

bilhete (m)	bilet	[bi'lɛt]
custo (m) do bilhete	biletin qiymeti	[bilɛ'tin gijmæ'ti]

bilheteiro (m)	kassir	[kas'sir]
controlo (m) dos bilhetes	nezaret	[næza'ræt]
revisor (m)	nezaretçi	[næzaræ'tʃi]

atrasar-se (vr)	gecikmek	[gɛdʒ¡ik'mæk]
perder (o autocarro, etc.)	gecikmek	[gɛdʒ¡ik'mæk]
estar com pressa	telesmek	[tælæs'mæk]

táxi (m)	taksi	[tak'si]
taxista (m)	taksi sürücüsü	[tak'si syrydʒy'sy]
de táxi (ir ~)	taksi ile	[tak'si i'læ]
praça (f) de táxis	taksi dayanacağı	[tak'si dajanadʒ¡a'ɣı]
chamar um táxi	taksi sifariş etmek	[tak'si sifa'riʃ ɛt'mæk]
apanhar um táxi	taksi tutmaq	[tak'si tut'mah]

tráfego (m)	küçe hereketi	[ky'ʧæ hærækæ'ti]
engarrafamento (m)	tıxac	[tı'χadʒ¡]
horas (f pl) de ponta	pik saatları	['pik saatla'rı]
estacionar (vi)	park olunmaq	['park ol¡un'mah]
estacionar (vt)	park etmek	['park ɛt'mæk]
parque (m) de estacionamento	avtomobil dayanacağı	[avtomo'bil dajanadʒ¡a'ɣı]

metro (m)	metro	[mɛt'ro]
estação (f)	stansiya	['stansija]
ir de metro	metro ile getmek	[mɛt'ro i'læ gɛt'mæk]
comboio (m)	qatar	[ga'tar]
estação (f)	demiryol vağzalı	[dæ'mirjol vaɣza'lı]

78. Turismo

monumento (m)	abide	[abi'dæ]
fortaleza (f)	qala	[ga'la]
palácio (m)	saray	[sa'raj]
castelo (m)	qesr	['gæsr]
torre (f)	qülle	[gyl'læ]
mausoléu (m)	meqbere	[mægbæ'ræ]

arquitetura (f)	memarlıq	[mɛmar'lıh]
medieval	orta esrlere aid	[or'ta æsrlæ'ræ a'id]
antigo	qedimi	[gædi'mi]
nacional	milli	[mil'li]
conhecido	meşhur	[mæʃ'hur]

turista (m)	turist	[tu'rist]
guia (pessoa)	beledçi	[bælæd'ʧi]

excursão (f)	gəzinti	[gæzin'ti]
mostrar (vt)	göstərmək	[gøstær'mæk]
contar (vt)	söyləmək	[søjlæ'mæk]

encontrar (vt)	tapmaq	[tap'mah]
perder-se (vr)	itmək	[it'mæk]
mapa (~ do metrô)	sxem	['sχɛm]
mapa (~ da cidade)	plan	['plan]

lembrança (f), presente (m)	suvenir	[suvɛ'nir]
loja (f) de presentes	suvenir mağazası	[suvɛ'nir ma'ɣazası]
fotografar (vt)	fotoşəkil çəkmək	[fotoʃæ'kil ʧæk'mæk]
fotografar-se	fotoşəkil çəkdirmək	[fotoʃæ'kil ʧækdir'mæk]

79. Compras

comprar (vt)	almaq	[al'mah]
compra (f)	satın alınmış şey	[sa'tın alın'mıʃ 'ʃɛj]
fazer compras	alış-veriş etmək	[a'lıʃ vɛ'riʃ æt'mæk]
compras (f pl)	şoppinq	['ʃoppinh]

| estar aberta (loja, etc.) | işləmək | [iʃlæ'mæk] |
| estar fechada | bağlanmaq | [baɣlan'mah] |

calçado (m)	ayaqqabı	[ajakka'bı]
roupa (f)	geyim	[gɛ'jım]
cosméticos (m pl)	kosmetika	[kos'mɛtika]
alimentos (m pl)	ərzaq	[ær'zah]
presente (m)	hədiyyə	[hædi'æ]

| vendedor (m) | satıcı | [satı'dʒʻı] |
| vendedora (f) | satıcı qadın | [satı'dʒʻı ga'dın] |

caixa (f)	kassa	['kassa]
espelho (m)	güzgü	[gyz'gy]
balcão (m)	piştaxta	[piʃtaχ'ta]
cabine (f) de provas	paltarı ölçüb baxmaq üçün yer	[palta'rı øl'ʧup baχ'mah ju'ʧun 'ɛr]

provar (vt)	paltarı ölçüb baxmaq	[palta'rı øl'ʧup baχ'mah]
servir (vi)	münasib olmaq	[myna'sip ol'mah]
gostar (apreciar)	xoşuna gəlmək	[χoʃu'na gæl'mæk]

preço (m)	qiymət	[gij'mæt]
etiqueta (f) de preço	qiymət yazılan birka	[gij'mæt jazı'lan 'birka]
custar (vt)	qiyməti olmaq	[gijmæ'ti ol'mah]
Quanto?	Neçəyədir?	[nɛʧæ'jædir]
desconto (m)	endirim	[ɛndi'rim]

não caro	baha olmayan	[ba'ha 'olmajan]
barato	ucuz	[u'dʒyz]
caro	bahalı	[baha'lı]
É caro	Bu, bahadır.	['bu ba'hadır]
aluguer (m)	kirayə	[kira'jæ]

alugar (vestidos, etc.)	kirayəyə götürmək	[kirajæ'jæ gøtyr'mæk]
crédito (m)	kredit	[krɛ'dit]
a crédito	kreditlə almaq	[krɛ'ditlæ al'mah]

80. Dinheiro

dinheiro (m)	pul	['pul]
câmbio (m)	mübadilə	[mybadi'læ]
taxa (f) de câmbio	kurs	['kurs]
Caixa Multibanco (m)	bankomat	[banko'mat]
moeda (f)	pul	['pul]

| dólar (m) | dollar | ['dollar] |
| euro (m) | yevro | ['ɛvro] |

lira (f)	lira	['lira]
marco (m)	marka	[mar'ka]
franco (m)	frank	['frank]
libra (f) esterlina	funt sterling	['funt 'stɛrlinh]
iene (m)	yena	['jɛna]

dívida (f)	borc	['bordʒ]
devedor (m)	borclu	[bordʒ'lʲu]
emprestar (vt)	borc vermək	['bordʒ vɛr'mæk]
pedir emprestado	borc almaq	['bordʒ al'mah]

banco (m)	bank	['bank]
conta (f)	hesab	[hɛ'sap]
dopositar na conta	hesaba yatırmaq	[hɛsa'ba jatır'mah]
levantar (vt)	hesabdan pul götürmək	[hɛsab'dan 'pul gøtyr'mæk]

cartão (m) de crédito	kredit kartı	[krɛ'dit kar'tı]
dinheiro (m) vivo	nəqd pul	['nægd 'pul]
cheque (m)	çek	['ʧɛk]
passar um cheque	çek yazmaq	['ʧɛk jaz'mah]
livro (m) de cheques	çek kitabçası	['ʧɛk kitapʧa'sı]

carteira (f)	cib kisəsi	['dʒʲip kisæ'si]
porta-moedas (m)	pul kisəsi	['pul kisæ'si]
cofre (m)	seyf	['sɛjf]

herdeiro (m)	vərəsə	[væræ'sæ]
herança (f)	miras	[mi'ras]
fortuna (riqueza)	var-dövlət	['var døv'læt]

arrendamento (m)	icarə	[idʒʲa'ræ]
renda (f) de casa	mənzil haqqı	[mæn'zil hak'kı]
alugar (vt)	kiraye etmək	[kira'jæ ɛt'mæk]

preço (m)	qiymət	[gij'mæt]
custo (m)	qiymət	[gij'mæt]
soma (f)	məbləğ	[mæb'læɣ]
gastar (vt)	sərf etmək	['særf ɛt'mæk]
gastos (m pl)	xərclər	[χærdʒ'lær]

| economizar (vi) | qənaət etmək | [gæna'æt ɛt'mæk] |
| económico | qənaətcil | [gænaæt'dʒiil] |

pagar (vt)	pulunu ödəmək	[pulʲu'nu ødæ'mæk]
pagamento (m)	ödəniş	[ødæ'niʃ]
troco (m)	pulun artığı	[pu'lʲun artı'ɣı]

imposto (m)	vergi	[vɛr'gi]
multa (f)	cərimə	[dʒʲæri'mæ]
multar (vt)	cərimə etmək	[dʒʲæri'mæ ɛt'mæk]

81. Correios. Serviço postal

correios (m pl)	poçt binası	['potʃt bina'sı]
correio (m)	poçt	['potʃt]
carteiro (m)	poçtalyon	[potʃta'lʲon]
horário (m)	iş saatları	['iʃ saatla'rı]

carta (f)	məktub	[mæk'tup]
carta (f) registada	sifarişli məktub	[sifariʃ'li mæk'tup]
postal (m)	poçt kartoçkası	['potʃt kartotʃka'sı]
telegrama (m)	teleqram	[tɛlɛg'ram]
encomenda (f) postal	bağlama	[baɣla'ma]
remessa (f) de dinheiro	pul köçürməsi	['pul køtʃurmæ'si]

receber (vt)	almaq	[al'mah]
enviar (vt)	göndərmək	[gøndær'mæk]
envio (m)	göndərilmə	[gøndæril'mæ]

endereço (m)	ünvan	[yn'van]
código (m) postal	indeks	['indɛks]
remetente (m)	göndərən	[gøndæ'ræn]
destinatário (m)	alan	[a'lan]

| nome (m) | ad | ['ad] |
| apelido (m) | soyadı | ['sojadı] |

tarifa (f)	tarif	[ta'rif]
ordinário	adi	[a'di]
económico	qənaətə imkan verən	[gænaæ'tæ im'kan vɛ'ræn]

peso (m)	çəki	[tʃæ'ki]
pesar (estabelecer o peso)	çəkmək	[tʃæk'mæk]
envelope (m)	zərf	['zærf]
selo (m)	marka	[mar'ka]

Moradia. Casa. Lar

82. Casa. Habitação

casa (f)	ev	['ɛv]
em casa	evdə	[ɛv'dæ]
pátio (m)	həyət	[hæ'jæt]
cerca (f)	çəpər	[ʧæ'pær]

tijolo (m)	kərpic	[kær'pidʒi]
de tijolos	kərpicdən olan	[kærpidʒi'dæn o'lan]
pedra (f)	daş	['daʃ]
de pedra	daşdan olan	[daʃ'dan o'lan]
betão (m)	beton	[bɛ'ton]
de betão	betondan olan	[bɛton'dan o'lan]

novo	təzə	[tæ'zæ]
velho	köhnə	[køh'næ]
decrépito	uçuq-sökük	[u'ʧuh sø'kyk]
moderno	müasir	[mya'sir]
de muitos andares	çoxmərtəbəli	[ʧoχmærtæbæ'li]
alto	hündür	[hyn'dyr]

andar (m)	mərtəbə	[mærtæ'bæ]
do um andar	birmərtəbəli	[birmærtæbæ'li]

andar (m) de baixo	alt mərtəbə	['alt mærtæ'bæ]
andar (m) de cima	üst mərtəbə	['just mærtæ'bæ]

telhado (m)	dam	['dam]
chaminé (f)	boru	[bo'ru]

telha (f)	kirəmit	[kiræ'mit]
de telha	kirəmitdən olan	[kiræmit'dæn o'lan]
sótão (m)	çardaq	[ʧar'dah]

janela (f)	pəncərə	[pændʒi æ'ræ]
vidro (m)	şüşə	[ʃy'ʃæ]

parapeito (m)	pəncərə altı	[pændʒi æ'ræ al'tı]
portadas (f pl)	pəncərə qapaqları	[pændʒi æ'ræ gapagla'rı]

parede (f)	divar	[di'var]
varanda (f)	balkon	[bal'kon]
tubo (m) de queda	nov borusu	['nov boru'su]

em cima	yuxarıda	[juχarı'da]
subir (~ as escadas)	qalxmaq	[galχ'mah]
descer (vi)	aşağı düşmək	[aʃa'ɣı dyʃ'mæk]
mudar-se (vr)	köçmək	[køʧ'mæk]

83. Casa. Entrada. Elevador

entrada (f)	giriş yolu	[gi'riʃ jo'lʲu]
escada (f)	pilləkən	[pillæ'kæn]
degraus (m pl)	pillələr	[pillæ'lær]
corrimão (m)	məhəccər	[mæhæ'dʒʲær]
hall (m) de entrada	xoll	['χoll]
caixa (f) de correio	poçt qutusu	['potʃt gutu'su]
caixote (m) do lixo	zibil qabı	[zi'bil ga'bı]
conduta (f) do lixo	zibil borusu	[zi'bil boru'su]
elevador (m)	lift	['lift]
elevador (m) de carga	yük lifti	['juk lif'ti]
cabine (f)	kabina	[ka'bina]
pegar o elevador	liftə minmək	[lif'tæ min'mæk]
apartamento (m)	mənzil	[mæn'zil]
moradores (m pl)	sakinlər	[sakin'lær]
vizinho (m)	qonşu	[gon'ʃu]
vizinha (f)	qonşu	[gon'ʃu]
vizinhos (pl)	qonşular	[gonʃu'lar]

84. Casa. Portas. Fechaduras

porta (f)	qapı	[ga'pı]
portão (m)	darvaza	[darva'za]
maçaneta (f)	qapı dəstəyi	[ga'pı dæstæ'jı]
destrancar (vt)	açmaq	[atʃ'mah]
abrir (vt)	açmaq	[atʃ'mah]
fechar (vt)	bağlamaq	[baɣla'mah]
chave (f)	açar	[a'tʃar]
molho (m)	bağlama	[baɣla'ma]
ranger (vi)	cırıldamaq	[dʒʲırılda'mah]
rangido (m)	cırıltı	[dʒʲırıl'tı]
dobradiça (f)	rəzə	[ræ'zæ]
tapete (m) de entrada	xalça	[χal'tʃa]
fechadura (f)	qıfıl	[gı'fıl]
buraco (m) da fechadura	açar yeri	[a'tʃar ɛ'ri]
ferrolho (m)	siyirmə	[sijır'mæ]
fecho (ferrolho pequeno)	siyirtmə	[sijırt'mæ]
cadeado (m)	asma qıfıl	[as'ma gı'fıl]
tocar (vt)	zəng etmək	['zæng ɛt'mæk]
toque (m)	zəng	['zænh]
campainha (f)	zəng	['zænh]
botão (m)	düymə	[dyj'mæ]
batida (f)	taqqıltı	[takkıl'tı]
bater (vi)	taqqıldatmaq	[takkıldat'mah]
código (m)	kod	['kod]
fechadura (f) de código	kodlu qıfıl	[kod'lʲu gı'fıl]

telefone (m) de porta	domofon	[domo'fon]
número (m)	nömrə	[nøm'ræ]
placa (f) de porta	lövhəcik	[løvhæ'dʒik]
vigia (f), olho (m) mágico	qapının dəşiyi	[gapɪ'nɪn dɛʃi'jɪ]

85. Casa de campo

| aldeia (f) | kənd | ['kænd] |
| horta (f) | bostan | [bos'tan] |

cerca (f)	hasar	[ha'sar]
paliçada (f)	çəpər	[ʧæ'pær]
cancela (f) do jardim	kiçik qapı	[ki'ʧik ga'pɪ]

celeiro (m)	anbar	[an'bar]
adega (f)	zirzəmi	[zirzæ'mi]
galpão, barracão (m)	dam	['dam]
poço (m)	quyu	[gu'ju]

| fogão (m) | soba | [so'ba] |
| atiçar o fogo | qalamaq | [gala'mah] |

| lenha (carvão ou ~) | odun | [o'dun] |
| acha (lenha) | odun parçası | [o'dun parʧa'sɪ] |

varanda (f)	şüşəbənd	[ʃyʃæ'bænd]
alpendre (m)	terras	[tɛr'ras]
degraus (m pl) de entrada	artırma	[artɪr'ma]
balouço (m)	yellənçək	[ɛllæn'ʧæk]

86. Castelo. Palácio

castelo (m)	qəsr	['gæsr]
palácio (m)	saray	[sa'raj]
fortaleza (f)	qala	[ga'la]

muralha (f)	divar	[di'var]
torre (f)	güllə	[gyl'læ]
calabouço (m)	əsas güllə	[æ'sas gyl'læ]

grade (f) levadiça	qaldırılan darvaza	[galdɪrɪ'lan darva'za]
passagem (f) subterrânea	yeraltı yol	[ɛral'tɪ 'jol]
fosso (m)	xəndək	[χæn'dæk]

| corrente, cadeia (f) | zəncir | [zæn'dʒir] |
| seteira (f) | qala bacası | [ga'la badʒa'sɪ] |

| magnífico | təmtəraqlı | [tæmtærag'lɪ] |
| majestoso | əzəmətli | [æzæmæt'li] |

| inexpugnável | yenilməz | [ɛnil'mæz] |
| medieval | orta əsrlərə aid | [or'ta æsrlæ'ræ a'id] |

87. Apartamento

apartamento (m)	mənzil	[mæn'zil]
quarto (m)	otaq	[o'tah]
quarto (m) de dormir	yataq otağı	[ja'tah ota'ɣı]
sala (f) de jantar	yemək otağı	[ɛ'mæk ota'ɣı]
sala (f) de estar	qonaq otağı	[go'nah ota'ɣı]
escritório (m)	iş otağı	['iʃ ota'ɣı]

antessala (f)	dəhliz	[dæh'liz]
quarto (m) de banho	vanna otağı	[van'na ota'ɣı]
toilette (lavabo)	tualet	[tua'lɛt]

teto (m)	tavan	[ta'van]
chão, soalho (m)	döşəmə	[døʃæ'mæ]
canto (m)	künc	['kyndʒʲ]

88. Apartamento. Limpeza

arrumar, limpar (vt)	yığışdırmaq	[jıɣıʃdır'mah]
guardar (no armário, etc.)	aparmaq	[apar'mah]
pó (m)	toz	['toz]
empoeirado	tozlu	[toz'lʲu]
limpar o pó	toz almaq	['toz al'mah]
aspirador (m)	tozsoran	[tozso'ran]
aspirar (vt)	tozsoranla toz almaq	[tozso'ranla 'toz al'mah]

varrer (vt)	süpürmək	[sypyr'mæk]
sujeira (f)	zibil	[zi'bil]
arrumação (f), ordem (f)	səliqə-sahman	[sæli'gæ sah'man]
desordem (f)	səliqəsizlik	[sæligæsiz'lik]

esfregão (m)	lif süpürgə	['lif sypyr'gæ]
pano (m), trapo (m)	əski	[æs'ki]
vassoura (f)	süpürgə	[sypyr'gæ]
pá (f) de lixo	xəkəndaz	[χækæn'daz]

89. Mobiliário. Interior

mobiliário (m)	mebel	['mɛbɛl]
mesa (f)	masa	[ma'sa]
cadeira (f)	stul	['stul]
cama (f)	çarpayı	[ʧarpa'jı]
divã (m)	divan	[di'van]
cadeirão (m)	kreslo	['krɛslo]

estante (f)	kitab şkafı	[ki'tap ʃka'fı]
prateleira (f)	kitab rəfi	[ki'tap ræ'fi]

guarda-vestidos (m)	paltar üçün şkaf	[pal'tar ju'ʧun ʃ'kaf]
cabide (m) de parede	paltarasan	[paltara'san]

cabide (m) de pé	dik paltarasan	['dik paltara'san]
cómoda (f)	kamod	[ka'mod]
mesinha (f) de centro	jurnal masası	[ʒur'nal masa'sı]

espelho (m)	güzgü	[gyz'gy]
tapete (m)	xalı	[ха'lı]
tapete (m) pequeno	xalça	[хal'ʧa]

lareira (f)	kamin	[ka'min]
vela (f)	şam	['ʃam]
castiçal (m)	şamdan	[ʃam'dan]

cortinas (f pl)	pərdə	[pær'dæ]
papel (m) de parede	divar kağızı	[di'var kʲaɣı'zı]
estores (f pl)	jalyuzi	[ʒalʲu'zi]

candeeiro (m) de mesa	stol lampası	['stol lamp'sı]
candeeiro (m) de parede	çıraq	[ʧı'rah]
candeeiro (m) de pé	torşer	[tor'ʃɛr]
lustre (m)	çilçıraq	[ʧilʧı'rah]

pé (de mesa, etc.)	ayaq	[a'jah]
braço (m)	qoltuqaltı	[goltuɣal'tı]
costas (f pl)	söykənəcək	['søjkænæ'dʒʲæk]
gaveta (f)	siyirtmə	[sijırt'mæ]

90. Quarto de dormir

roupa (f) de cama	yataq dəyişəyi	[ja'tah dæiʃæ'jı]
almofada (f)	yastıq	[jas'tıh]
fronha (f)	yastıqüzü	[jastıɣy'zy]
cobertor (m)	yorğan	[jor'ɣan]
lençol (m)	mələfə	[mælæ'fæ]
colcha (f)	örtük	[ør'tyk]

91. Cozinha

cozinha (f)	mətbəx	[mæt'bæх]
gás (m)	qaz	['gaz]
fogão (m) a gás	qaz plitəsi	['gaz plitæ'si]
fogão (m) elétrico	elektrik plitəsi	[ɛlɛkt'rik plitæ'si]
forno (m)	duxovka	[duхov'ka]
forno (m) de micro-ondas	mikrodalğalı soba	[mikrodalɣa'lı so'ba]

frigorífico (m)	soyuducu	[sojudu'dʒy]
congelador (m)	dondurucu kamera	[donduru'dʒy 'kamɛra]
máquina (f) de lavar louça	qabyuyan maşın	[gaby'jan ma'ʃın]

moedor (m) de carne	ət çəkən maşın	['æt ʧæ'kæn ma'ʃın]
espremedor (m)	şirəçəkən maşın	[ʃiræʧæ'kæn ma'ʃın]
torradeira (f)	toster	['tostɛr]
batedeira (f)	mikser	['miksɛr]

máquina (f) de café	qəhvə hazırlayan maşın	[gæh'væ hazırla'jan ma'ʃın]
cafeteira (f)	qəhvədan	[gæhvæ'dan]
moinho (m) de café	qəhvə üyüdən maşın	[gæh'væ yjy'dæn ma'ʃın]

chaleira (f)	çaydan	[tʃaj'dan]
bule (m)	dəm çaydanı	['dæm tʃajda'nı]
tampa (f)	qapaq	[ga'pah]
coador (m) de chá	kiçik ələk	[ki'tʃik æ'læk]

colher (f)	qaşıq	[ga'ʃıh]
colher (f) de chá	çay qaşığı	['tʃaj gaʃı'ɣı]
colher (f) de sopa	xörək qaşığı	[χø'ræk gaʃı'ɣı]
garfo (m)	çəngəl	[tʃæ'ngæl]
faca (f)	bıçaq	[bı'tʃah]

louça (f)	qab-qacaq	['gap ga'dʒˈah]
prato (m)	boşqab	[boʃ'gap]
pires (m)	nəlbəki	[nælbæ'ki]

cálice (m)	qədəh	[gæ'dæh]
copo (m)	stəkan	[stæ'kan]
chávena (f)	fincan	[fin'dʒˈan]

açucareiro (m)	qənd qabı	['gænd ga'bı]
saleiro (m)	duz qabı	['duz ga'bı]
pimenteiro (m)	istiot qabı	[isti'ot ga'bı]
manteigueira (f)	yağ qabı	['jaɣ ga'bı]

panela, caçarola (f)	qazan	[ga'zan]
frigideira (f)	tava	[ta'va]
concha (f)	çömçə	[tʃœm'tʃæ]
passador (m)	aşsüzən	[aʃsy'zæn]
bandeja (f)	məcməyi	[mædʒˈmæ'jı]

garrafa (f)	şüşə	[ʃy'ʃæ]
boião (m) de vidro	şüşə banka	[ʃy'ʃæ ban'ka]
lata (f)	banka	[ban'ka]

abre-garrafas (m)	açan	[a'tʃan]
abre-latas (m)	konserv ağzı açan	[kon'sɛrv a'ɣzı a'tʃan]
saca-rolhas (m)	burğu	[bur'ɣu]
filtro (m)	süzgəc	[syz'gædʒˈ]
filtrar (vt)	süzgəcdən keçirmək	[syzgædʒˈ'dæn kɛtʃir'mæk]

lixo (m)	zibil	[zi'bil]
balde (m) do lixo	zibil vedrəsi	[zi'bil vɛdræ'si]

92. Casa de banho

quarto (m) de banho	vanna otağı	[van'na ota'ɣı]
água (f)	su	['su]
torneira (f)	kran	['kran]
água (f) quente	isti su	[is'ti 'su]
água (f) fria	soyuq su	[so'juh 'su]

| pasta (f) de dentes | diş məcunu | ['diʃ mædʒy'nu] |
| escovar os dentes | dişləri fırçalamaq | [diʃlæ'ri fırtʃala'mah] |

barbear-se (vr)	üzünü qırxmaq	[yzy'ny gırx'mah]
espuma (f) de barbear	üz qırxmaq üçün köpük	['juz gırx'mah ju'tʃun kø'pyk]
máquina (f) de barbear	ülgüc	[ylʲ'gydʒʲ]

lavar (vt)	yumaq	[ju'mah]
lavar-se (vr)	yuyunmaq	[jujun'mah]
duche (m)	duş	['duʃ]
tomar um duche	duş qəbul etmək	['duʃ gæ'bul ɛt'mæk]

banheira (f)	vanna	[van'na]
sanita (f)	unitaz	[uni'taz]
lavatório (m)	su çanağı	['su tʃana'ɣı]

| sabonete (m) | sabun | [sa'bun] |
| saboneteira (f) | sabun qabı | [sa'bun ga'bı] |

esponja (f)	hamam süngəri	[ha'mam syngæ'ri]
champô (m)	şampun	[ʃam'pun]
toalha (f)	dəsmal	[dæs'mal]
roupão (m) de banho	hamam xələti	[ha'mam χælæ'ti]

lavagem (f)	paltarın yuyulması	[palta'rın yjulma'sı]
máquina (f) de lavar	paltaryuyan maşın	[paltary'jan ma'ʃın]
lavar a roupa	paltar yumaq	[pal'tar ju'mah]
detergente (m)	yuyucu toz	[juju'dʒy 'toz]

93. Eletrodomésticos

televisor (m)	televizor	[tɛlɛ'vizor]
gravador (m)	maqnitofon	[magnito'fon]
videogravador (m)	videomaqnitofon	[vidɛomagnito'fon]
rádio (m)	qəbuledici	[gæbulɛdi'dʒʲi]
leitor (m)	pleyer	['plɛjɛr]

projetor (m)	video proyektor	[vidɛo pro'ɛktor]
cinema (m) em casa	ev kinoteatrı	['æv kinotɛat'rı]
leitor (m) de DVD	DVD maqnitofonu	[divi'di magnitofo'nu]
amplificador (m)	səs gücləndiricisi	['sæs gydʒʲlændiridʒʲi'si]
console (f) de jogos	oyun ələvəsi	[o'jun ælavæ'si]

câmara (f) de vídeo	videokamera	[vidɛo'kamɛra]
máquina (f) fotográfica	fotoaparat	[fotoapa'rat]
câmara (f) digital	rəqəm fotoaparatı	[ræ'gæm fotoapara'tı]

aspirador (m)	tozsoran	[tozso'ran]
ferro (m) de engomar	ütü	[y'ty]
tábua (f) de engomar	ütü taxtası	[y'ty taχta'sı]

telefone (m)	telefon	[tɛlɛ'fon]
telemóvel (m)	mobil telefon	[mo'bil tɛlɛ'fon]
máquina (f) de escrever	yazı maşını	[ja'zı maʃı'nı]

máquina (f) de costura	tikiş maşını	[ti'kiʃ maʃı'nı]
microfone (m)	mikrofon	[mikro'fon]
auscultadores (m pl)	qulaqlıqlar	[gulaglıg'lar]
controlo remoto (m)	pult	['pult]

CD (m)	SD diski	[si'di dis'ki]
cassete (f)	kasset	[kas'sɛt]
disco (m) de vinil	val	['val]

94. Reparações. Renovação

renovação (f)	təmir	[tæ'mir]
renovar (vt), fazer obras	təmir işləri aparmaq	[tæ'mir iʃlæ'ri apar'mah]
reparar (vt)	təmir etmək	[tæ'mir ɛt'mæk]
consertar (vt)	qaydaya salmaq	[gajda'ja sal'mah]
refazer (vt)	yenidən düzəltmək	[ɛni'dæn dyzælt'mæk]

tinta (f)	boya	[bo'ja]
pintar (vt)	boyamaq	[boja'mah]
pintor (m)	boyaqçı	[bojag'tʃı]
pincel (m)	fırça	[fır'tʃa]

| cal (f) | ağartma | [aɣart'ma] |
| caiar (vt) | ağartmaq | [aɣart'mah] |

papel (m) de parede	divar kağızı	[di'var kʲaɣı'zı]
colocar papel de parede	divar kağızı vurmaq	[di'var kaɣı'zı vur'mah]
verniz (m)	lak	['lak]
envernizar (vt)	lak vurmaq	['lak vur'mah]

95. Canalizações

água (f)	su	['su]
água (f) quente	isti su	[is'ti 'su]
água (f) fria	soyuq su	[so'juh 'su]
torneira (f)	kran	['kran]

gota (f)	damcı	[dam'dʒʲı]
gotejar (vi)	damcılamaq	[damdʒʲıla'mah]
vazar (vt)	axmaq	[aχ'mah]
vazamento (m)	axıb getmək	[a'χıp gɛt'mæk]
poça (f)	gölməçə	[gølmæ'tʃæ]

tubo (m)	boru	[bo'ru]
válvula (f)	ventil	['vɛntil]
entupir-se (vr)	yolu tutulmaq	[jo'lʲu tutul'mah]

ferramentas (f pl)	alətlər	[alæt'lær]
chave (f) inglesa	aralayan açar	[arala'jan a'tʃar]
desenroscar (vt)	açmaq	[atʃ'mah]
enroscar (vt)	bərkitmək	[bærkit'mæk]
desentupir (vt)	təmizləmək	[tæmizlæ'mæk]

canalizador (m)	santexnik	[san'tɛχnik]
cave (f)	zirzəmi	[zirzæ'mi]
sistema (m) de esgotos	kanalizasiya	[kanali'zasija]

96. Fogo. Deflagração

incêndio (m)	od	['od]
chama (f)	alov	[a'lov]
faísca (f)	qığılcım	[gɪɣɪl'ʤⁱɪm]
fumo (m)	tüstü	[tys'ty]
tocha (f)	məşəl	[mæ'ʃæl]
fogueira (f)	tonqal	[ton'gal]

gasolina (f)	benzin	[bɛn'zin]
querosene (m)	ağ neft	['aɣ 'nɛft]
inflamável	alışqan	[alɪʃ'gan]
explosivo	partlama təhlükəsi olan	[partla'ma tæhlykæ'si o'lan]
PROIBIDO FUMAR!	SİQARET ÇƏKMƏYİN!	[siga'rɛt 'ʧækmæjɪn]

segurança (f)	təhlükəsizlik	[tæhlykæsiz'lik]
perigo (m)	təhlükə	[tæhly'kæ]
perigoso	təhlükəli	[tæhlykæ'li]

incendiar-se (vr)	alışmaq	[alɪʃ'mah]
explosão (f)	partlayış	[partla'jɪʃ]
incendiar (vt)	yandırmaq	[jandɪr'mah]
incendiário (m)	qəsdən yandıran	['gæsdæn jandɪ'ran]
incêndio (m) criminoso	od vurma	['od vur'ma]

arder (vi)	alışıb yanmaq	[alɪ'ʃɪp jan'mah]
queimar (vi)	yanmaq	[jan'mah]
queimar tudo (vi)	yanıb qurtarmaq	[ja'nɪp gurtar'mah]

bombeiro (m)	yanğınsöndürən	[janɣɪnsøndy'ræn]
carro (m) de bombeiros	yanğın maşını	[jan'ɣɪn maʃɪ'nɪ]
corpo (m) de bombeiros	yanğınsöndürmə komandası	[janɣɪnsøndyr'mæ ko'mandasɪ]
escada (f) extensível	yanğın nərdivanı	[jan'ɣɪn nærdiva'nɪ]

mangueira (f)	şlanq	['ʃlanh]
extintor (m)	odsöndürən	[odsøndy'ræn]
capacete (m)	kaska	[kas'ka]
sirene (f)	sirena	[si'rɛna]

gritar (vi)	çığırmaq	[ʧɪɣɪr'mah]
chamar por socorro	köməyə çağırmaq	[kømæ'jæ ʧaɣɪr'mah]
salvador (m)	xilas edən	[χi'las ɛ'dæn]
salvar, resgatar (vt)	xilas etmək	[χi'las ɛt'mæk]

chegar (vi)	gəlmək	[gæl'mæk]
apagar (vt)	söndürmək	[søndyr'mæk]
água (f)	su	['su]
areia (f)	qum	['gum]
ruínas (f pl)	xarabalıq	[χaraba'lɪh]

ruir (vi)	uçmaq	[uʧ'mah]
desmoronar (vi)	uçmaq	[uʧ'mah]
desabar (vi)	dağılmaq	[daɣıl'mah]
fragmento (m)	qırıntı	[gırın'tı]
cinza (f)	kül	['kylʲ]
sufocar (vi)	boğulmaq	[boɣul'mah]
perecer (vi)	həlak olmaq	[hæ'lak ol'mah]

ATIVIDADES HUMANAS

Emprego. Negócios. Parte 1

97. Banca

banco (m)	bank	['bank]
sucursal, balcão (f)	şöbə	[ʃo'bæ]
consultor (m)	məslehetçi	[mæslæhæ'tʃi]
gerente (m)	idarə başçısı	[ida'ræ baʃtʃi'sɪ]
conta (f)	hesab	[hɛ'sap]
número (m) da conta	hesab nömrəsi	[hɛ'sap nømræ'si]
conta (f) corrente	cari hesab	[dʒ'a'ri hɛ'sap]
conta (f) poupança	yığılma hesabı	[jɪɣɪl'ma hɛsa'bɪ]
abrir uma conta	hesab açmaq	[hɛ'sap atʃ'mah]
fechar uma conta	bağlamaq	[baɣla'mah]
depositar na conta	hesaba yatırmaq	[hɛsa'ba jatɪr'mah]
levantar (vt)	hesabdan pul götürmək	[hɛsab'dan 'pul gøtyr'mæk]
depósito (m)	əmanet	[æma'næt]
fazer um depósito	omanet qoymaq	[æma'næt qoi'mah]
transferência (f) bancária	köçürmə	[køtʃur'mæ]
transferir (vt)	köçürmə etmək	[køtʃur'mæ ɛt'mæk]
soma (f)	məbləğ	[mæb'læɣ]
Quanto?	Nə qədər?	['næ gæ'dær]
assinatura (f)	imza	[im'za]
assinar (vt)	imzalamaq	[imzala'mah]
cartão (m) de crédito	kredit kartı	[krɛ'dit kar'tɪ]
código (m)	kod	['kod]
número (m) do cartão de crédito	kredit kartının nömrəsi	[krɛ'dit kartɪ'nɪn nømræ'si]
Caixa Multibanco (m)	bankomat	[banko'mat]
cheque (m)	çek	['tʃɛk]
passar um cheque	çek yazmaq	['tʃɛk jaz'mah]
livro (m) de cheques	çek kitabçası	['tʃɛk kitaptʃa'sɪ]
empréstimo (m)	kredit	[krɛ'dit]
pedir um empréstimo	kredit üçün müraciət etmək	[krɛ'dit ju'tʃun myradʒi'æt æt'mæk]
obter um empréstimo	kredit götürmək	[krɛ'dit gøtyr'mæk]
conceder um empréstimo	kredit vermək	[krɛ'dit vɛr'mæk]
garantia (f)	qarantiya	[ga'rantija]

98. Telefone. Conversação telefónica

telefone (m)	telefon	[tɛlɛ'fon]
telemóvel (m)	mobil telefon	[mo'bil tɛlɛ'fon]
secretária (f) electrónica	avtomatik cavab verən	[avtoma'tik dʒ'a'vap vɛ'ræn]

| fazer uma chamada | zəng etmək | ['zæng ɛt'mæk] |
| chamada (f) | zəng | ['zænh] |

marcar um número	nömrəni yığmaq	[nømræ'ni jı'ɣmah]
Alô!	allo!	[al'lo]
perguntar (vt)	soruşmaq	[soruʃ'mah]
responder (vt)	cavab vermək	[dʒ'a'vap vɛr'mæk]

ouvir (vt)	eşitmək	[ɛʃit'mæk]
bem	yaxşı	[jaχ'ʃı]
mal	pis	['pis]
ruído (m)	maneələr	[manɛæ'lær]

auscultador (m)	dəstək	[dæs'tæk]
pegar o telefone	dəstəyi götürmək	[dæstæ'jı gøtyr'mæk]
desligar (vi)	dəstəyi qoymaq	[dæstæ'jı goj'mah]

ocupado	məşğul	[mæʃ'ɣul]
tocar (vi)	zəng etmək	['zæng ɛt'mæk]
lista (f) telefónica	telefon kitabçası	[tɛlɛ'fon kitabtʃa'sı]

local	yerli	[ɛr'li]
de longa distância	şəhərlərarası	[ʃæhærlærara'sı]
internacional	beynəlxalq	[bɛjnæl'χalh]

99. Telefone móvel

telemóvel (m)	mobil telefon	[mo'bil tɛlɛ'fon]
ecrã (m)	displey	[disp'lɛj]
botão (m)	düymə	[dyj'mæ]
cartão SIM (m)	SİM kart	['sim 'kart]

bateria (f)	batareya	[bata'rɛja]
descarregar-se	boşalmaq	[boʃal'mah]
carregador (m)	elektrik doldurucu cihaz	[ɛlɛkt'rik dolduru'dʒy dʒi'haz]

menu (m)	menyu	[mɛ'nju]
definições (f pl)	sazlamalar	[sazlama'lar]
melodia (f)	melodiya	[mɛ'lodija]
escolher (vt)	seçmək	[sɛtʃ'mæk]

calculadora (f)	kalkulyator	[kalʲku'lʲator]
correio (m) de voz	avtomatik cavab verən	[avtoma'tik dʒ'a'vap vɛ'ræn]
despertador (m)	zəngli saat	[zæng'li sa'at]
contatos (m pl)	telefon kitabçası	[tɛlɛ'fon kitabtʃa'sı]
mensagem (f) de texto	SMS-xəbər	[ɛsɛ'mɛs χæ'bær]
assinante (m)	abunəçi	[abunæ'tʃi]

100. Estacionário

caneta (f)	diyircəkli avtoqələm	[dijırdʒ!æk'li avtogæ'læm]
caneta (f) tinteiro	uclüğu olan qələm	[udʒyl'u'ɣu o'lan gæ'læm]
lápis (m)	karandaş	[karan'daʃ]
marcador (m)	markyor	[mar'k'or]
caneta (f) de feltro	flomaster	[flo'mastɛr]
bloco (m) de notas	bloknot	[blok'not]
agenda (f)	gündəlik	[gyndæ'lik]
régua (f)	xətkeş	[χæt'kɛʃ]
calculadora (f)	kalkulyator	[kal'ku'l'ator]
borracha (f)	pozan	[po'zan]
pionés (m)	basmadüymə	[basmadyj'mæ]
clipe (m)	qısqac	[gıs'gadʒ']
cola (f)	yapışqan	[japıʃ'gan]
agrafador (m)	stepler	['stɛplɛr]
furador (m)	deşikaçan	[dɛʃika'tʃan]
afia-lápis (m)	qələm yonan	[gæ'læm jo'nan]

Emprego. Negócios. Parte 2

101. Media

jornal (m)	qəzet	[gæ'zɛt]
revista (f)	jurnal	[ʒur'nal]
imprensa (f)	mətbuat	[mætbu'at]
rádio (m)	radio	['radio]
estação (f) de rádio	radio stansiyası	['radio 'stansijası]
televisão (f)	televiziya	[tɛlɛ'vizija]

apresentador (m)	aparıcı	[aparı'dʒʲı]
locutor (m)	diktor	['diktor]
comentador (m)	şərhçi	[ʃærh'ʧi]

jornalista (m)	jurnalist	[ʒurna'list]
correspondente (m)	müxbir	[myχ'bir]
repórter (m) fotográfico	foto müxbir	['foto myχ'bir]
repórter (m)	reportyor	[rɛpor'tʲor]

redator (m)	redaktor	[rɛ'daktor]
redator-chefe (m)	baş redaktor	['baʃ rɛ'daktor]

assinar a ...	abunə olmaq	[abu'næ ol'mah]
assinatura (f)	abunə	[abu'næ]
assinante (m)	abunəçi	[abunæ'ʧi]
ler (vt)	oxumaq	[oχu'mah]
leitor (m)	oxucu	[oχu'dʒʲu]

tiragem (f)	tiraj	[ti'raʒ]
mensal	aylıq	[aj'lıh]
semanal	həftəlik	[hæftæ'lik]
número (jornal, revista)	nömrə	[nøm'ræ]
recente	təzə	[tæ'zæ]

manchete (f)	başlıq	[baʃ'lıh]
pequeno artigo (m)	kiçik məqalə	[ki'ʧik mæga'læ]
coluna (~ semanal)	rubrika	['rubrika]
artigo (m)	məqalə	[mæga'læ]
página (f)	səhifə	[sæhi'fæ]

reportagem (f)	reportaj	[rɛpor'taʒ]
evento (m)	hadisə	[hadi'sæ]
sensação (f)	sensasiya	[sɛn'sasija]
escândalo (m)	qalmaqal	[galma'gal]
escandaloso	qalmaqallı	[galmagal'lı]
grande	böyük	[bø'juk]

programa (m) de TV	veriliş	[vɛri'liʃ]
entrevista (f)	müsahibə	[mysahi'bæ]

transmissão (f) em direto	birbaşa translyasiya	[birba'ʃa trans'lʲasija]
canal (m)	kanal	[ka'nal]

102. Agricultura

agricultura (f)	kənd təsərrüfatı	['kænd tæsærryfa'tı]
camponês (m)	kəndli	[kænd'li]
camponesa (f)	kəndli qadın	[kænd'li ga'dın]
agricultor (m)	fermer	['fɛrmɛr]

trator (m)	traktor	['traktor]
ceifeira-debulhadora (f)	kombayn	[kom'bajn]

arado (m)	kotan	[ko'tan]
arar (vt)	şumlamaq	[ʃumla'mah]
campo (m) lavrado	şum	['ʃum]
rego (m)	şırım	[ʃı'rım]

semear (vt)	əkmək	[æk'mæk]
semeadora (f)	toxumsəpən maşın	[toχumsæ'pæn ma'ʃın]
semeadura (f)	əkin	[æ'kin]

gadanha (f)	dəryaz	[dær'jaz]
gadanhar (vt)	ot biçmək	['ot bitʃ'mæk]

pá (f)	bel	['bɛl]
cavar (vt)	belləmək	[bɛllæ'mæk]

onxada (f)	çapacaq	[tʃapa'dʒˈah]
carpir (vt)	alaq vurmaq	[a'lah vur'mah]
erva (f) daninha	alaq otu	[a'lah oty]

regador (m)	susəpələyən	[susæpælæ'jæn]
regar (vt)	suvarmaq	[suvar'mah]
rega (f)	suvarma	[suvar'ma]

forquilha (f)	yaba	[ja'ba]
ancinho (m)	dırmıq	[dır'mıh]

fertilizante (m)	gübrə	[gyb'ræ]
fertilizar (vt)	gübrələmək	[gybrælæ'mæk]
estrume (m)	peyin	[pɛ'jın]

campo (m)	tarla	[tar'la]
prado (m)	çəmən	[tʃæ'mæn]
horta (f)	bostan	[bos'tan]
pomar (m)	bağ	['baɣ]

pastar (vt)	otarmaq	[otar'mah]
pastor (m)	çoban	[tʃo'ban]
pastagem (f)	otlaq	[ot'lah]

pecuária (f)	heyvandarlıq	[hɛjvandar'lıh]
criação (f) de ovelhas	qoyunçuluq	[gojuntʃu'lʲuh]

plantação (f)	tarla	[tar'la]
canteiro (m)	lək	['læk]
invernadouro (m)	parnik	[par'nik]

seca (f)	quraqlıq	[gurag'lıh]
seco (verão ~)	quraqlı	[gurag'lı]

cereais (m pl)	dənli	[dæn'li]
colher (vt)	yığmaq	[jɪ'ɣmah]

moleiro (m)	dəyirmançı	[dæjɪrman'ʧɪ]
moinho (m)	dəyirman	[dæjɪr'man]
moer (vt)	dən üyütmək	['dæn yjut'mæk]
farinha (f)	un	['un]
palha (f)	saman	[sa'man]

103. Construção. Processo de construção

canteiro (m) de obras	inşaat yeri	[inʃa'at ɛ'ri]
construir (vt)	inşa etmək	[in'ʃa ɛt'mæk]
construtor (m)	inşaatçı	[inʃaa'ʧɪ]

projeto (m)	layihə	[lai'hæ]
arquiteto (m)	memar	[mɛ'mar]
operário (m)	fəhlə	[fæh'læ]

fundação (f)	bünövrə	[bynøv'ræ]
telhado (m)	dam	['dam]
estaca (f)	dirək	[di'ræk]
parede (f)	divar	[di'var]

varões (m pl) para betão	armatura	[arma'tura]
andaime (m)	taxtabənd	[taχta'bænd]

betão (m)	beton	[bɛ'ton]
granito (m)	qranit	[gra'nit]
pedra (f)	daş	['daʃ]
tijolo (m)	kərpic	[kær'piʤ]

areia (f)	qum	['gum]
cimento (m)	sement	[sɛ'mɛnt]
emboço (m)	suvaq	[su'vah]
emboçar (vt)	suvaqlamaq	[suvagla'mah]

tinta (f)	boya	[bo'ja]
pintar (vt)	boyamaq	[boja'mah]
barril (m)	çəllək	[ʧæl'læk]

grua (f), guindaste (m)	kran	['kran]
erguer (vt)	qaldırmaq	[galdır'mah]
baixar (vt)	endirmək	[ɛndir'mæk]

buldózer (m)	buldozer	[bulʲ'dozɛr]
escavadora (f)	ekskavator	[ɛkska'vator]

caçamba (f)	təknə	[tæk'næ]
escavar (vt)	qazmaq	[gaz'mah]
capacete (m) de proteção	kaska	[kas'ka]

Profissões e ocupações

104. Procura de emprego. Demissão

trabalho (m)	iş	['iʃ]
equipa (f)	ştat	['ʃtat]

carreira (f)	karyera	[kar'jɛra]
perspetivas (f pl)	perspektiv	[pɛrspɛk'tiv]
mestria (f)	ustalıq	[usta'lıh]

seleção (f)	seçmə	[sɛʧ'mæ]
agência (f) de emprego	kadrlar agentliyi	['kadrlar agɛntli'jı]
CV, currículo (m)	CV	[si'vi]
entrevista (f) de emprego	müsahibə	[mysahi'bæ]
vaga (f)	vakansiya	[va'kansija]

salário (m)	əmək haqqı	[æ'mæk hak'kı]
salário (m) fixo	maaş	[ma'aʃ]
pagamento (m)	haqq	['hagh]

posto (m)	vəzifə	[væzi'fæ]
dever (do empregado)	vəzifə	[væzi'fæ]
gama (f) de deveres	dairə	[dai'ræ]
ocupado	məşğul	[mæʃɣul]

despedir, demitir (vt)	azad etmək	[a'zad ɛt'mæk]
demissão (f)	azad edilmə	[a'zad ɛdil'mæ]

desemprego (m)	işsizlik	[iʃsiz'lik]
desempregado (m)	işsiz	[iʃ'siz]
reforma (f)	təqaüd	[tæga'jud]
reformar-se	təqaüdə çıxmaq	[tægay'dæ ʧıx'mah]

105. Gente de negócios

diretor (m)	direktor	[di'rɛktor]
gerente (m)	idarə başçısı	[ida'ræ baʧʧı'sı]
patrão, chefe (m)	rəhbər	[ræh'bær]

superior (m)	müdir	[my'dir]
superiores (m pl)	rəhbərlik	[ræhbær'lik]
presidente (m)	prezident	[prɛzi'dɛnt]
presidente (m) de direção	sədr	['sædr]

substituto (m)	müavin	[mya'vin]
assistente (m)	köməkçi	[kømæk'ʧi]
secretário (m)	katibə	[kʲati'bæ]

secretário (m) pessoal	şəxsi katib	[ʃæχ'si ka'tip]
homem (m) de negócios	biznesmen	['biznɛsmɛn]
empresário (m)	sahibkar	[sahib'kʲar]
fundador (m)	təsisçi	[tæsis'ʧi]
fundar (vt)	təsis etmək	[tæ'sis ɛt'mæk]

fundador, sócio (m)	təsisçi	[tæsis'ʧi]
parceiro, sócio (m)	partnyor	[part'nʲor]
acionista (m)	səhmdar	[sæhm'dar]

milionário (m)	milyoner	[miljo'nɛr]
bilionário (m)	milyarder	[miljar'dɛr]
proprietário (m)	sahib	[sa'hip]
proprietário (m) de terras	torpaq sahibi	[tor'pah sahi'bi]

cliente (m)	müştəri	[myʃtæ'ri]
cliente (m) habitual	daimi müştəri	[dai'mi myʃtæ'ri]
comprador (m)	alıcı	[alı'ʤʲı]
visitante (m)	ziyarətçi	[zijaræ'ʧi]

profissional (m)	peşəkar	[pɛʃæ'kar]
perito (m)	ekspert	[ɛks'pɛrt]
especialista (m)	mütəxəssis	[mytæχæs'sis]

| banqueiro (m) | bank sahibi | ['bank sahi'bi] |
| corretor (m) | broker | ['brokɛr] |

caixa (m, f)	kassir	[kas'sir]
contabilista (m)	mühasib	[myha'sip]
guarda (m)	mühafizəçi	[myhafizæ'ʧi]

investidor (m)	investor	[in'vɛstor]
devedor (m)	borclu	[borʤʲ'lʲu]
credor (m)	kreditor	[krɛdi'tor]
mutuário (m)	borc alan	['borʤʲ a'lan]

| importador (m) | idxalatçı | [idχala'ʧı] |
| exportador (m) | ixracatçı | [iχraʤʲa'ʧı] |

produtor (m)	istehsalçı	[istɛhsal'ʧı]
distribuidor (m)	distribütor	[distri'bytor]
intermediário (m)	vasitəçi	[vasitæ'ʧi]

consultor (m)	məsləhətçi	[mæslæhæ'ʧi]
representante (m)	təmsilçi	[tæmsil'ʧi]
agente (m)	agent	[a'gɛnt]
agente (m) de seguros	sığorta agenti	[sıyor'ta agɛn'ti]

106. Profissões de serviços

cozinheiro (m)	aşpaz	[aʃ'paz]
cozinheiro chefe (m)	baş aşpaz	['baʃ aʃ'paz]
padeiro (m)	çörəkçi	['ʧœræk'ʧi]
barman (m)	barmen	['barmɛn]

| empregado (m) de mesa | ofisiant | [ofisi'ant] |
| empregada (f) de mesa | ofisiant qız | [ofisi'ant 'gız] |

advogado (m)	vəkil	[væ'kil]
jurista (m)	hüquqşünas	[hygukʃy'nas]
notário (m)	notarius	[no'tarius]

eletricista (m)	montyor	[mon'tʲor]
canalizador (m)	santexnik	[san'tɛχnik]
carpinteiro (m)	dülgər	[dylʲ'gær]

massagista (m)	masajçı	[masaʒ'ʧɪ]
massagista (f)	masajçı qadın	[masaʒ'ʧɪ ga'dın]
médico (m)	həkim	[hæ'kim]

taxista (m)	taksi sürücüsü	[tak'si syryʤy'sy]
condutor (automobilista)	sürücü	[syry'ʤy]
entregador (m)	kuryer	[ku'rjɛr]

camareira (f)	otaq qulluqçusu	[o'tah gullʲugʧu'su]
guarda (m)	mühafizəçi	[myhafizæ'ʧi]
hospedeira (f) de bordo	stüardessa	[styar'dɛssa]

professor (m)	müəllim	[myæl'lim]
bibliotecário (m)	kitabxanaçı	[kitapχana'ʧɪ]
tradutor (m)	tərcüməçi	[tærʤymæ'ʧi]
intérprete (m)	tərcüməçi	[tærʤymæ'ʧi]
guia (pessoa)	bələdçi	[bælæd'ʧi]

cabeleireiro (m)	bərbər	[bær'bær]
carteiro (m)	poçtalyon	[poʧta'lʲon]
vendedor (m)	satıcı	[satı'ʤʲı]

jardineiro (m)	bağban	[ba'ɣban]
criado (m)	nökər	[nø'kær]
criada (f)	ev qulluqçusu	['ɛv gullʲugʧu'su]
empregada (f) de limpeza	xadimə	[χadi'mæ]

107. Profissões militares e postos

soldado (m) raso	sıravi	[sıra'vi]
sargento (m)	çavuş	[ʧa'vuʃ]
tenente (m)	leytenant	[lɛjtɛ'nant]
capitão (m)	kapitan	[kapi'tan]

major (m)	mayor	[ma'jor]
coronel (m)	polkovnik	[pol'kovnik]
general (m)	general	[gɛnɛ'ral]
marechal (m)	marşal	['marʃal]
almirante (m)	admiral	[admi'ral]

militar (m)	hərbiçi	[hærbi'ʧi]
soldado (m)	əsgər	[æs'gær]
oficial (m)	zabit	[za'bit]

comandante (m)	komandir	[koman'dir]
guarda (m) fronteiriço	sərhəd keşikçisi	[sær'hæd kɛʃiktʃi'si]
operador (m) de rádio	radist	[ra'dist]
explorador (m)	kəşfiyyatçı	[kæʃfia'tʃɪ]
sapador (m)	istehkamçı	[istɛhkam'tʃɪ]
atirador (m)	atıcı	[atɪ'dʒɪ]
navegador (m)	şturman	['ʃturman]

108. Oficiais. Padres

| rei (m) | kral | ['kral] |
| rainha (f) | kraliçə | [kra'litʃæ] |

| príncipe (m) | şahzadə | [ʃahza'dæ] |
| princesa (f) | şahzadə xanım | [ʃahza'dæ χa'nɪm] |

| czar (m) | çar | ['tʃar] |
| czarina (f) | çariçə | [tʃa'ritʃæ] |

presidente (m)	prezident	[prɛzi'dɛnt]
ministro (m)	nazir	[na'zir]
primeiro-ministro (m)	baş nazir	['baʃ na'zir]
senador (m)	senator	[sɛ'nator]

diplomata (m)	diplomat	[diplo'mat]
cônsul (m)	konsul	['konsul]
embaixador (m)	səfir	[sæ'fir]
conselheiro (m)	müşavir	[myʃa'vir]

funcionário (m)	məmur	[mæ'mur]
prefeito (m)	prefekt	[prɛ'fɛkt]
Presidente (m) da Câmara	şəhər icra hakimiyyətinin başçısı	[ʃæ'hær idʒ'ra hakimiæti'nin baʃtʃı'sɪ]

| juiz (m) | hakim | [ha'kim] |
| procurador (m) | prokuror | [proku'ror] |

missionário (m)	missioner	[missio'nɛr]
monge (m)	rahib	[ra'hip]
abade (m)	abbat	[ab'bat]
rabino (m)	ravvin	['ravvin]

vizir (m)	vəzir	[væ'zir]
xá (m)	şax	['ʃaχ]
xeque (m)	şeyx	['ʃɛjχ]

109. Profissões agrícolas

apicultor (m)	arıçı	[arɪ'tʃɪ]
pastor (m)	çoban	[tʃo'ban]
agrónomo (m)	aqronom	[agro'nom]
criador (m) de gado	heyvandar	[hɛjvan'dar]

veterinário (m)	baytar	[baj'tar]
agricultor (m)	fermer	['fɛrmɛr]
vinicultor (m)	şərabçı	[ʃærap'tʃı]
zoólogo (m)	zooloq	[zo'oloh]
cowboy (m)	kovboy	[kov'boj]

110. Profissões artísticas

ator (m)	aktyor	[ak'tior]
atriz (f)	aktrisa	[akt'risa]
cantor (m)	müğənni	[myɣæn'ni]
cantora (f)	müğənni qadın	[myɣæn'ni ga'dın]
bailarino (m)	rəqqas	[ræk'kas]
bailarina (f)	rəqqasə	[rækka'sæ]
artista (m)	artist	[ar'tist]
artista (f)	artist qadın	[ar'tist ga'dın]
músico (m)	musiqiçi	[musigi'tʃi]
pianista (m)	pianoçu	[pi'anotʃu]
guitarrista (m)	qitara çalan	[gi'tara tʃa'lan]
maestro (m)	dirijor	[diri'ʒor]
compositor (m)	bəstəkar	[bæstæ'kar]
empresário (m)	impresario	[imprɛ'sario]
realizador (m)	rejissor	[rɛʒis'sor]
produtor (m)	prodüser	[pro'dysɛr]
argumentista (m)	ssenarist	[ssɛna'rist]
crítico (m)	tənqidçi	[tængid'tʃi]
escritor (m)	yazıçı	[jazı'tʃı]
poeta (m)	şair	[ʃa'ir]
escultor (m)	heykəltəraş	[hɛjkæltæ'raʃ]
pintor (m)	rəssam	[ræs'sam]
malabarista (m)	jonqlyor	[ʒong'lior]
palhaço (m)	təlxək	[tæl'χæk]
acrobata (m)	canbaz	[dʒan'baz]
mágico (m)	fokus göstərən	['fokus gøstæ'ræn]

111. Várias profissões

médico (m)	həkim	[hæ'kim]
enfermeira (f)	tibb bacısı	['tibp badʒɪ'sı]
psiquiatra (m)	psixiatr	[psiχi'atr]
estomatologista (m)	stomatoloq	[stoma'toloh]
cirurgião (m)	cərrah	[dʒær'rah]
astronauta (m)	astronavt	[astro'navt]
astrónomo (m)	astronom	[astro'nom]

motorista (m)	sürücü	[syry'dʒy]
maquinista (m)	maşınsürən	[maʃinsy'ræn]
mecânico (m)	mexanik	[mɛ'xanik]

mineiro (m)	qazmaçı	[gazma'tʃi]
operário (m)	fəhlə	[fæh'læ]
serralheiro (m)	çilingər	[tʃilin'yær]
marceneiro (m)	xarrat	[xar'rat]
torneiro (m)	tornaçı	[torna'tʃi]
construtor (m)	inşaatçı	[inʃaa'tʃi]
soldador (m)	qaynaqçı	[gajnag'tʃi]

professor (m) catedrático	professor	[pro'fɛssor]
arquiteto (m)	memar	[mɛ'mar]
historiador (m)	tarixçi	[tarix'tʃi]
cientista (m)	alim	[a'lim]
físico (m)	fizik	['fizik]
químico (m)	kimyaçı	[kimja'tʃi]

arqueólogo (m)	arxeoloq	[arxɛ'oloh]
geólogo (m)	qeoloq	[gɛ'oloh]
pesquisador (cientista)	tədqiqatçı	[tædgiga'tʃi]

babysitter (f)	dayə	[da'jæ]
professor (m)	pedaqoq	[pɛda'goh]

redator (m)	redaktor	[rɛ'daktor]
redator-chefe (m)	baş redaktor	['baʃ rɛ'daktor]
correspondente (m)	müxbir	[myx'bir]
datilógrafa (f)	makinaçı	[ma'kinatʃi]

designer (m)	dizayner	[di'zajnɛr]
especialista (m) em informática	bilgisayar ustası	[bilgisa'jar usta'si]

programador (m)	proqramçı	[program'tʃi]
engenheiro (m)	mühəndis	[myhɛn'dis]

marujo (m)	dənizçi	[dæniz'tʃi]
marinheiro (m)	matros	[mat'ros]
salvador (m)	xilas edən	[xi'las ɛ'dæn]

bombeiro (m)	yanğınsöndürən	[janɣinsøndy'ræn]
polícia (m)	polis	[po'lis]
guarda-noturno (m)	gözətçi	[gøzæ'tʃi]
detetive (m)	xəfiyyə	[xæfi'æ]

funcionário (m) da alfândega	gömrük işçisi	[gøm'ryk iʃtʃi'si]
guarda-costas (m)	şəxsi mühafizəçi	[ʃæx'si myhafizæ'tʃi]
guarda (m) prisional	nəzarətçi	[næzaræ'tʃi]
inspetor (m)	inspektor	[in'spɛktor]

desportista (m)	idmançı	[idman'tʃi]
treinador (m)	məşqçi	[mæʃg'tʃi]
talhante (m)	qəssab	[gæs'sap]
sapateiro (m)	çəkməçi	[tʃækmæ'tʃi]
comerciante (m)	ticarətçi	[tidʒ'aræ'tʃi]

carregador (m)	malyükləyən	[maliyklæ'jæn]
estilista (m)	modelçi	[modɛl'ʧi]
modelo (f)	model	[mo'dɛl]

112. Ocupações. Estatuto social

aluno, escolar (m)	məktəbli	[mæktæb'li]
estudante (~ universitária)	tələbə	[tælæ'bæ]

filósofo (m)	fəlsəfəçi	[fælsæfæ'ʧi]
economista (m)	iqdisadçı	[igtisad'ʧı]
inventor (m)	ixtiraçı	[iχtira'ʧı]

desempregado (m)	işsiz	[iʃ'siz]
reformado (m)	təqaüdçü	[tægayd'ʧu]
espião (m)	casus	[ʤia'sus]

preso (m)	dustaq	[dus'tah]
grevista (m)	tətilçi	[tætil'ʧi]
burocrata (m)	bürokrat	[byrok'rat]
viajante (m)	səyahətçi	[sæjahæ'ʧi]

homossexual (m)	homoseksualist	[homosɛksua'list]
hacker (m)	xaker	['χakɛr]

bandido (m)	quldur	[gul'dur]
assassino (m) a soldo	muzdlu qatil	[muzd'liu 'gatil]
toxicodependente (m)	narkoman	[narko'man]
traficante (m)	narkotik alverçisi	[narko'tik alvɛrʧi'si]
prostituta (f)	fahişə	[fahi'ʃæ]
chulo (m)	qadın alverçisi	[ga'dın alvɛrʧi'si]

bruxo (m)	caduger	[ʤiadu'gær]
bruxa (f)	caduger qadın	[ʤiadu'gær ga'dın]
pirata (m)	dəniz qulduru	[dæ'niz guldu'ru]
escravo (m)	kölə	[kø'læ]
samurai (m)	samuray	[samu'raj]
selvagem (m)	vəhşi adam	[væh'ʃi a'dam]

Desportos

113. Tipos de desportos. Desportistas

desportista (m)	idmançı	[idman'tʃɪ]
tipo (m) de desporto	idman növü	[id'man nø'vy]
basquetebol (m)	basketbol	[baskɛt'bol]
jogador (m) de basquetebol	basketbolçu	[baskɛtbol'tʃu]
beisebol (m)	beysbol	[bɛjs'bol]
jogador (m) de beisebol	beysbolçu	[bɛjsbol'tʃu]
futebol (m)	futbol	[fut'bol]
futebolista (m)	futbolçu	[futbol'tʃu]
guarda-redes (m)	qapıçı	[gapɪ'tʃɪ]
hóquei (m)	xokkey	[χok'kɛj]
jogador (m) de hóquei	xokkeyçi	[χokkɛj'tʃi]
voleibol (m)	voleybol	[volɛj'bol]
jogador (m) de voleibol	voleybolçu	[volɛjbol'tʃu]
boxe (m)	boks	['boks]
boxeador, pugilista (m)	boksçu	[boks'tʃu]
luta (f)	güləş	[gy'læʃ]
lutador (m)	güləşçi	[gylæʃ'tʃi]
karaté (m)	karate	[kara'tɛ]
karateca (m)	karateçi	[karatɛ'tʃi]
judo (m)	dzyudo	[dzy'do]
judoca (m)	dzyudoçu	[dzydo'tʃu]
ténis (m)	tennis	['tɛnnis]
tenista (m)	tennisçi	[tɛnnis'tʃi]
natação (f)	üzmə	[yz'mæ]
nadador (m)	üzgüçü	[yzgy'tʃu]
esgrima (f)	qılınc oynatma	[gɪ'lɪndʒ ojnat'ma]
esgrimista (m)	qılınc oynadan	[gɪ'lɪndʒ ojna'dan]
xadrez (m)	şaxmat	['ʃaχmat]
xadrezista (m)	şaxmatçı	['ʃaχmatʃɪ]
alpinismo (m)	alpinizm	[alpi'nizm]
alpinista (m)	alpinist	[alpi'nist]
corrida (f)	qaçış	[ga'tʃɪʃ]

corredor (m)	qaçıcı	[gatʃı'dʒ'ı]
atletismo (m)	yüngül atletika	[jyn'gyl at'lɛtika]
atleta (m)	atlet	[at'lɛt]

| hipismo (m) | atçılıq idmanı | [atʃı'lıh idma'nı] |
| cavaleiro (m) | at sürən | ['at sy'ræn] |

patinagem (f) artística	fiqurlu konki sürmə	[figur'lʲu kon'ki syr'mæ]
patinador (m)	fiqurist	[figu'rist]
patinadora (f)	fiqurist qadın	[figu'rist ga'dın]

halterofilismo (m)	ağır atletika	[a'ɣır at'lɛtika]
corrida (f) de carros	avtomobil yarışları	[avtomo'bil jarıʃla'rı]
piloto (m)	avtomobil yarışçısı	[avtomo'bil jarıʃtʃı'sı]

| ciclismo (m) | velosiped idmanı | [vɛlosi'pɛd idma'nı] |
| ciclista (m) | velosiped sürən | [vɛlosi'pɛd sy'ræn] |

salto (m) em comprimento	uzunluğa tullanma	[uzunlʲu'ɣa tullan'ma]
salto (m) à vara	çubuqla yüksəyə tullanma	[tʃu'bugla juksæ'jæ tullan'ma]
atleta (m) de saltos	tullanma üzrə idmanşı	[tullan'ma juz'ræ idman'tʃı]

114. Tipos de desportos. Diversos

futebol (m) americano	Amerika futbolu	[a'mɛrika futbo'lʲu]
badminton (m)	badminton	[badmin'ton]
biatlo (m)	biatlon	[biat'lon]
bilhar (m)	bilyard	[bi'ljard]

bobsled (m)	bobsley	[bobs'lɛj]
musculação (f)	bodibildinq	[bodi'bildinh]
polo (m) aquático	su polosu	['su 'polosu]
andebol (m)	həndbol	[hænd'bol]
golfe (m)	qolf	['golf]

remo (m)	avar çəkmə	[a'var tʃæk'mæ]
mergulho (m)	dayvinq	['dajvinh]
corrida (f) de esqui	xizək yarışması	[xi'zæk jarıʃma'sı]
ténis (m) de mesa	stolüstü tennis	[stolys'ty 'tɛnnis]

vela (f)	yelkənli qayıq idmanı	[ɛlkæn'li ga'jıh idma'nı]
rali (m)	ralli	['ralli]
râguebi (m)	reqbi	['rɛgbi]
snowboard (m)	snoubord	['snoubord]
tiro (m) com arco	kamandan oxatma	[kaman'dan oxat'ma]

115. Ginásio

barra (f)	ştanq	['ʃtanh]
halteres (m pl)	hantel	[han'tɛl]
aparelho (m) de musculaçao	trenajor	[trɛna'ʒor]
bicicleta (f) ergométrica	velotrenajor	[vɛlotrɛna'ʒor]

passadeira (f) de corrida	qaçış zolağı	[ga'tʃıʃ zola'ɣı]
barra (f) fixa	köndələn tir	[køndæ'læn 'tir]
barras (f) paralelas	paralel tirlər	[para'lɛl tir'lær]
cavalo (m)	at	['at]
tapete (m) de ginástica	həsir	[hæ'sir]

aeróbica (f)	aerobika	[aɛ'robika]
ioga (f)	yoqa	['joga]

116. Desportos. Diversos

Jogos (m pl) Olímpicos	Olimpiya oyunları	[o'limpija ojunla'rı]
vencedor (m)	qalib	[ga'lip]
vencer (vi)	qalib gəlmək	[ga'lip gæl'mæk]
vencer, ganhar (vi)	udmaq	[ud'mah]

líder (m)	lider	['lidɛr]
liderar (vt)	irəlidə getmək	[iræli'dæ gɛt'mæk]

primeiro lugar (m)	birinci yer	[birin'dʒʲi 'ɛr]
segundo lugar (m)	ikinci yer	[ikin'dʒʲi 'ɛr]
terceiro lugar (m)	üçüncü yer	[ytʃun'dʒʲu 'ɛr]

medalha (f)	medal	[mɛ'dal]
troféu (m)	trofey	[tro'fɛj]
taça (f)	kubok	['kubok]
prémio (m)	mükafat	[myka'fat]
prémio (m) principal	baş mükafat	['baʃ myka'fat]

recorde (m)	rekord	[rɛ'kord]
estabelecer um recorde	rekord qazanmaq	[rɛ'kord gazan'mah]

final (m)	final	[fi'nal]
final	final	[fi'nal]

campeão (m)	çempion	[tʃɛmpi'on]
campeonato (m)	çempionat	[tʃɛmpio'nat]

estádio (m)	stadion	[stadi'on]
bancadas (f pl)	tribuna	[tri'buna]
fã, adepto (m)	azarkeş	[azar'kɛʃ]
adversário (m)	rəqib	[ræ'gip]

partida (f)	start	['start]
chegada, meta (f)	finiş	['finiʃ]

derrota (f)	məğlubiyyət	[mæɣlʲubi'æt]
perder (vt)	məğlubiyyətə uğramaq	[mæɣlʲubiæ'tæ uɣra'mah]

árbitro (m)	hakim	[ha'kim]
júri (m)	jüri	[ʒy'ri]
resultado (m)	hesab	[hɛ'sap]
empate (m)	heç-heçə oyun	['hɛtʃ hɛ'tʃæ o'jun]
empatar (vi)	heç-heçə oynamaq	['hɛtʃ hɛ'tʃæ ojna'mah]

ponto (m)	xal	['χal]
resultado (m) final	nəticə	[næti'dʒʲæ]
intervalo (m)	fasilə	[fasi'læ]
doping (m)	dopinq	['dopinh]
penalizar (vt)	cərimə etmək	[dʒʲæri'mæ ɛt'mæk]
desqualificar (vt)	iştirakdan məhrum etmək	[iʃtirak'dan mæh'rum ɛt'mæk]
aparelho (m)	alət	[a'læt]
dardo (m)	nizə	[ni'zæ]
peso (m)	qumbara	[gumba'ra]
bola (f)	şar	['ʃar]
alvo, objetivo (m)	hədəf	[hæ'dæf]
alvo (~ de papel)	nişan	[ni'ʃan]
atirar, disparar (vi)	atəş açmaq	[a'tæʃ atʃ'mah]
preciso (tiro ~)	sərrast	[sær'rast]
treinador (m)	məşqçi	[mæʃg'tʃi]
treinar (vt)	məşq keçmək	['mæʃh kɛtʃ'mæk]
treinar-se (vr)	məşq etmək	['mæʃh ɛt'mæk]
treino (m)	məşq	['mæʃh]
ginásio (m)	idman zalı	[id'man za'lı]
exercício (m)	məşğələ	[mæʃɣæ'læ]
aquecimento (m)	isinmə hərəkətləri	[isin'mæ hærækætlæ'ri]

Educação

117. Escola

escola (f)	məktəb	[mæk'tæp]
diretor (m) de escola	məktəb direktoru	[mæk'tæp di'rɛktoru]
aluno (m)	şagird	[ʃa'gird]
aluna (f)	şagird qız	[ʃa'gird 'gız]
escolar (m)	məktəbli	[mæktæb'li]
escolar (f)	məktəbli qız	[mæktæb'li 'gız]
ensinar (vt)	öyrətmək	[øjræt'mæk]
aprender (vt)	öyrənmək	[øjræn'mæk]
aprender de cor	əzbər öyrənmək	[æz'bær øjræn'mæk]
estudar (vi)	öyrənmək	[øjræn'mæk]
andar na escola	oxumaq	[oχu'mah]
ir à escola	məktəbə getmək	[mæktæ'bæ gɛt'mæk]
alfabeto (m)	əlifba	[ælif'ba]
disciplina (f)	fənn	['fænn]
sala (f) de aula	sinif	[si'nif]
lição (f)	dərs	['dærs]
recreio (m)	tənəffüs	[tænæf'fys]
toque (m)	zəng	['zænh]
carteira (f)	parta	['parta]
quadro (m) negro	yazı taxtası	[ja'zı taχta'sı]
nota (f)	qiymət	[gij'mæt]
boa nota (f)	yaxşı qiymət	[jaχ'ʃı gij'mæt]
nota (f) baixa	pis qiymət	['pis gij'mæt]
dar uma nota	qiymət yazmaq	[gij'mæt jaz'mah]
erro (m)	səhv	['sæhv]
fazer erros	səhv etmək	['sæhv ɛt'mæk]
corrigir (vt)	düzəltmək	[dyzælt'mæk]
cábula (f)	şparqalka	[ʃpar'galka]
dever (m) de casa	ev tapşırığı	['ɛv tapʃırı'ɣı]
exercício (m)	məşğələ	[mæʃɣæ'læ]
estar presente	iştirak etmək	[iʃti'rak ɛt'mæk]
estar ausente	iştirak etməmək	[iʃti'rak 'ɛtmæmæk]
punir (vt)	cəzalandırmaq	[dʒ¦æzalandır'mah]
punição (f)	cəza	[dʒ¦æ'za]
comportamento (m)	əxlaq	[æχ'lah]

boletim (m) escolar	gündəlik	[gyndæ'lik]
lápis (m)	karandaş	[karan'daʃ]
borracha (f)	pozan	[po'zan]
giz (m)	təbaşir	[tæba'ʃir]
estojo (m)	qələmdan	[gælæm'dan]

pasta (f) escolar	portfel	[port'fɛl]
caneta (f)	qələm	[gæ'læm]
caderno (m)	dəftər	[dæf'tær]
manual (m) escolar	dərslik	[dærs'lik]
compasso (m)	pərgar	[pær'gʲar]

| traçar (vt) | cızmaq | [dʒʲɪz'mah] |
| desenho (m) técnico | cizgi | [dʒʲiz'gi] |

poesia (f)	şer	['ʃɛr]
de cor	əzbərdən	[æzbær'dæn]
aprender de cor	əzbər öyrənmək	[æz'bær øjræn'mæk]

| férias (f pl) | tətil | [tæ'til] |
| estar de férias | tətilə çıxmaq | [tæti'læ ʧɪχ'mah] |

teste (m)	yoxlama işi	[joχla'ma i'ʃi]
composição, redação (f)	inşa	[in'ʃa]
ditado (m)	imla	[im'la]

exame (m)	imtahan	[imta'han]
fazer exame	imtahan vermək	[imta'han vɛr'mæk]
experiência (~ química)	təcrübə	[tædʒʲry'bæ]

118. Colégio. Universidade

academia (f)	akademiya	[aka'dɛmija]
universidade (f)	universitet	[univɛrsi'tɛt]
faculdade (f)	fakültə	[fakul'tæ]

estudante (m)	tələbə	[tælæ'bæ]
estudante (f)	tələbə qız	[tælæ'bæ 'gɪz]
professor (m)	müəllim	[myæl'lim]

| sala (f) de palestras | auditoriya | [audi'torija] |
| graduado (m) | məzun | [mæ'zun] |

| diploma (m) | diplom | [dip'lom] |
| tese (f) | dissertasiya | [dissɛr'tasija] |

| estudo (obra) | tədqiqat | [tædgi'gat] |
| laboratório (m) | laboratoriya | [labora'torija] |

| palestra (f) | leksiya | ['lɛksija] |
| colega (m) de curso | kurs yoldaşı | ['kurs jolda'ʃɪ] |

| bolsa (f) de estudos | təqaüd | [tæga'jud] |
| grau (m) académico | elmi dərəcə | [ɛl'mi dæræ'dʒʲæ] |

119. Ciências. Disciplinas

matemática (f)	riyaziyyat	[rɪazi'at]
álgebra (f)	cəbr	['dʒˈæbr]
geometria (f)	həndəsə	[hændæ'sæ]

astronomia (f)	astronomiya	[astro'nomija]
biologia (f)	biologiya	[bio'logija]
geografia (f)	coğrafiya	[dʒˈo'ɣrafija]
geologia (f)	qeoloqiya	[gɛo'logija]
história (f)	tarix	[ta'rix]

medicina (f)	təbabət	[tæba'bæt]
pedagogia (f)	pedaqoqika	[pɛda'gogika]
direito (m)	hüquq	[hy'guh]

física (f)	fizika	['fizika]
química (f)	kimya	['kimja]
filosofia (f)	fəlsəfə	[fælsæ'fæ]
psicologia (f)	psixoloqiya	[psiχo'logija]

120. Sistema de escrita. Ortografia

gramática (f)	qrammatika	[gram'matika]
vocabulário (m)	leksika	['lɛksika]
fonética (f)	fonetika	[fo'nɛtika]

substantivo (m)	isim	['işim]
adjetivo (m)	sifət	[si'fæt]
verbo (m)	fel	['fɛl]
advérbio (m)	zərf	['zærf]

pronome (m)	əvəzlik	[ævæz'lik]
interjeição (f)	nida	[ni'da]
preposição (f)	önlük	[øn'lyk]

raiz (f) da palavra	sözün kökü	[sø'zyn kø'ky]
terminação (f)	sonluq	[son'lˈuh]
prefixo (m)	önşəkilçi	[ønʃækil'ʧi]
sílaba (f)	heca	[hɛ'dʒˈa]
sufixo (m)	şəkilçi	[ʃækil'ʧi]

acento (m)	vurğu	[vur'ɣu]
apóstrofo (m)	apostrof	[apost'rof]

ponto (m)	nöqtə	[nøg'tæ]
vírgula (f)	verqül	[vɛr'gyl]
ponto e vírgula (m)	nöqtəli verqül	[nøgtæ'li vɛr'gyl]
dois pontos (m pl)	iki nöqtə	[i'ki nøg'tæ]
reticências (f pl)	nöqtələr	[nøgtæ'lær]

ponto (m) de interrogação	sual işarəsi	[su'al iʃaræ'si]
ponto (m) de exclamação	nida işarəsi	[ni'da iʃaræ'si]

aspas (f pl)	dırnaq	[dır'nah]
entre aspas	dırnaq arası	[dır'nah ara'sı]
parênteses (m pl)	mötərizə	[møtæri'zæ]
entre parênteses	mötərizədə	[møtærizæ'dæ]

hífen (m)	defis	[dɛ'fis]
travessão (m)	tire	[ti'rɛ]
espaço (m)	ara	[a'ra]

letra (f)	hərf	['hærf]
letra (f) maiúscula	böyük hərf	[bø'juk 'hærf]

vogal (f)	sait səs	[sa'it 'sæs]
consoante (f)	samit səs	[sa'mit 'sæs]

frase (f)	cümlə	[dʒym'læ]
sujeito (m)	mübtəda	[myptæ'da]
predicado (m)	xəbər	[χæ'bær]

linha (f)	sətir	[sæ'tir]
em uma nova linha	yeni sətirdən	[ɛ'ni sætir'dæn]
parágrafo (m)	abzas	['abzas]

palavra (f)	söz	['søz]
grupo (m) de palavras	söz birləşməsi	[søz birlæ∫mæ'si]
expressão (f)	ifadə	[ifa'dæ]
sinónimo (m)	sinonim	[si'nonim]
antónimo (m)	antonim	[an'tonim]

regra (f)	qayda	[gaj'da]
exceção (f)	istisna	[istis'na]
correto	düzgün	[dyz'gyn]

conjugação (f)	təsrif	[tæs'rif]
declinação (f)	hallanma	[hallan'ma]
caso (m)	hal	['hal]
pergunta (f)	sual	[su'al]
sublinhar (vt)	altından xətt çəkmək	[altın'dan 'χætt t∫æk'mæk]
linha (f) pontilhada	punktir	[punk'tir]

121. Línguas estrangeiras

língua (f)	dil	['dil]
língua (f) estrangeira	xarici dil	[χari'dʒi dil]
estudar (vt)	öyrənmək	[øjræn'mæk]
aprender (vt)	öyrənmək	[øjræn'mæk]

ler (vt)	oxumaq	[oχu'mah]
falar (vi)	danışmaq	[danı∫'mah]
compreender (vt)	başa düşmək	[ba'∫a dy∫'mæk]
escrever (vt)	yazmaq	[jaz'mah]

rapidamente	cəld	['dʒæld]
devagar	yavaş	[ja'va∫]

fluentemente	sərbəst	[sær'bæst]
regras (f pl)	qaydalar	[gajda'lar]
gramática (f)	qrammatika	[gram'matika]
vocabulário (m)	leksika	['lɛksika]
fonética (f)	fonetika	[fo'nɛtika]

manual (m) escolar	dərslik	[dærs'lik]
dicionário (m)	lüğət	[ly'ɣæt]
manual (m) de autoaprendizagem	rəhbər	[ræh'bær]
guia (m) de conversação	danışıq kitabı	[danı'ʃih kita'bı]

cassete (f)	kasset	[kas'sɛt]
vídeo cassete (m)	video kasset	['vidɛo kas'sɛt]
CD (m)	SD diski	[si'di dis'ki]
DVD (m)	DVD	[divi'di]

alfabeto (m)	əlifba	[ælif'ba]
soletrar (vt)	hərf-hərf danışmaq	['hærf 'hærf danıʃ'mah]
pronúncia (f)	tələffüz	[tælæf'fyz]

sotaque (m)	aksent	[ak'sɛnt]
com sotaque	aksentlə danışmaq	[ak'sɛntlæ danıʃ'mah]
sem sotaque	aksentsiz danışmaq	[aksɛn'tsiz danıʃ'mah]

palavra (f)	söz	['søz]
sentido (m)	məna	[mæ'na]

cursos (m pl)	kurslar	[kurs'lar]
inscrever-se (vr)	yazılmaq	[jazıl'mah]
professor (m)	müəllim	[myæl'lim]

tradução (processo)	tərcümə	[tærdʒy'mæ]
tradução (texto)	tərcümə	[tærdʒy'mæ]
tradutor (m)	tərcüməçi	[tærdʒymæ'tʃi]
intérprete (m)	tərcüməçi	[tærdʒymæ'tʃi]

poliglota (m)	poliqlot	[polig'lot]
memória (f)	yaddaş	[jad'daʃ]

122. Personagens de contos de fadas

Pai (m) Natal	Santa Klaus	['santa 'klaus]
sereia (f)	su pərisi	['su pæri'si]

mago (m)	sehrbaz	[sɛhr'baz]
fada (f)	sehrbaz qadın	[sɛhr'baz ga'dın]
mágico	sehrli	[sɛhr'li]
varinha (f) mágica	sehrli çubuq	[sɛhr'li tʃu'buh]

conto (m) de fadas	nağıl	[na'ɣıl]
milagre (m)	möcüzə	[mødʒy'zæ]
anão (m)	qnom	['gnom]
transformar-se em ...	... dönmək	[... døn'mæk]

111

fantasma (m)	kabus	[ka'bus]
espetro (m)	qarabasma	[garabas'ma]
monstro (m)	div	['div]
dragão (m)	əjdaha	[æʒda'ha]
gigante (m)	nəhənk	[næ'hænk]

123. Signos do Zodíaco

Carneiro	Qoç	['gotʃ]
Touro	Buğa	[bu'ɣa]
Gémeos	Əkizlər	[ækiz'lær]
Caranguejo	Xərçənk	[χær'tʃænk]
Leão	Şir	['ʃir]
Virgem (f)	Qız	['gız]

Balança	Tərəzi	[tæræ'zi]
Escorpião	Əqrəb	[æg'ræp]
Sagitário	Oxatan	[oχa'tan]
Capricórnio	Oğlağ	[o'ɣlaɣ]
Aquário	Dolça	[dol'tʃa]
Peixes	Balıqlar	[balıg'lar]

caráter (m)	xasiyyət	[χasi'æt]
traços (m pl) do caráter	xasiyyətin cizgiləri	[χasiæ'tin ʤizgilæ'ri]
comportamento (m)	əxlaq	[æχ'lah]
predizer (vt)	fala baxmaq	[fa'la baχ'mah]
adivinha (f)	falçı	[fal'tʃı]
horóscopo (m)	ulduz falı	[ul'duz fa'lı]

Artes

124. Teatro

teatro (m)	teatr	[tɛ'atr]
ópera (f)	opera	['opɛra]
opereta (f)	operetta	[opɛ'rɛtta]
balé (m)	balet	[ba'lɛt]

cartaz (m)	afişa	[a'fiʃa]
companhia (f) teatral	truppa	['truppa]
turné (digressão)	qastrol səfəri	[gast'rol sæfæ'ri]
estar em turné	qastrol səfərinə çıxmaq	[gast'rol sæfæri'næ ʧɪχ'mah]
ensaiar (vt)	məşq etmək	['mæʃh ɛt'mæk]
ensaio (m)	məşq	['mæʃh]
repertório (m)	repertuar	[rɛpɛrtu'ar]

apresentação (f)	oyun	[o'jun]
espetáculo (m)	teatr tamaşası	[tɛ'atr tamaʃa'sɪ]
peça (f)	pyes	['pjɛs]

bilhete (m)	bilet	[bi'lɛt]
bilheteira (f)	bilet kassası	[bi'lɛt 'kassasɪ]
hall (m)	xoll	['χoll]
guarda-roupa (m)	qarderob	[gardɛ'rop]
senha (f) numerada	nömrə	[nøm'ræ]
binóculo (m)	binokl	[bi'nokl]
lanterninha (m)	nəzarətçi	[næzaræ'ʧi]

plateia (f)	parter	[par'tɛr]
balcão (m)	balkon	[bal'kon]
primeiro balcão (m)	beletaj	[bɛlæ'taʒ]
camarote (m)	loja	['loʒa]
fila (f)	sıra	[sɪ'ra]
assento (m)	yer	['ɛr]

público (m)	tamaşaçılar	[tamaʃaʧɪ'lar]
espetador (m)	tamaşaçı	[tamaʃa'ʧɪ]
aplaudir (vt)	əl çalmaq	['æl ʧal'mah]
aplausos (m pl)	alqışlar	[algɪʃ'lar]
ovação (f)	sürəkli alqışlar	[syrɛk'li algɪʃ'lar]

palco (m)	səhnə	[sæh'næ]
pano (m) de boca	pərdə	[pær'dæ]
cenário (m)	dekorasiya	[dɛko'rasija]
bastidores (m pl)	səhnə arxası	[sæh'næ arχa'sɪ]

cena (f)	səhnə	[sæh'næ]
ato (m)	akt	['akt]
entreato (m)	antrakt	[ant'rakt]

125. Cinema

ator (m)	aktyor	[ak't'or]
atriz (f)	aktrisa	[akt'risa]

cinema (m)	kino	[ki'no]
filme (m)	kino	[ki'no]
episódio (m)	seriya	['sɛrija]

filme (m) policial	detektiv	[dɛtɛk'tiv]
filme (m) de ação	savaş filmi	[sa'vaʃ fil'mi]
filme (m) de aventuras	macəra filmi	[madʒ'æ'ra fil'mi]
filme (m) de ficção científica	fantastik film	[fantas'tik 'film]
filme (m) de terror	vahimə filmi	[vahi'mæ fil'mi]

comédia (f)	kino komediyası	[ki'no ko'mɛdijası]
melodrama (m)	melodram	[mɛlod'ram]
drama (m)	dram	['dram]

filme (m) ficcional	bədii film	[bædi'i 'film]
documentário (m)	sənədli film	[sænæd'li 'film]
desenho (m) animado	cizgi filmi	[dʒ'iz'gi fil'mi]
cinema (m) mudo	səssiz film	[sæs'siz 'film]

papel (m)	rol	['rol]
papel (m) principal	baş rol	['baʃ 'rol]
representar (vt)	oynamaq	[ojna'mah]

estrela (f) de cinema	kino ulduzu	[ki'no uldu'zu]
conhecido	məşhur	[mæʃ'hur]
famoso	məşhur	[mæʃ'hur]
popular	populyar	[popu'l'ar]

argumento (m)	ssenari	[ssɛ'nari]
argumentista (m)	ssenarist	[ssɛna'rist]
realizador (m)	rejissor	[rɛʒis'sor]
produtor (m)	prodüser	[pro'dysɛr]
assistente (m)	köməkçi	[kømæk'tʃi]
diretor (m) de fotografia	operator	[opɛ'rator]
duplo (m)	kaskadyor	[kaskad'jor]

filmar (vt)	film çəkmək	['film tʃæk'mæk]
audição (f)	sınaqlar	[sınag'lar]
filmagem (f)	çəkiliş	[tʃæki'liʃ]
equipe (f) de filmagem	çəkiliş qrupu	[tʃæki'liʃ gru'pu]
set (m) de filmagem	çəkiliş meydançası	[tʃæki'liʃ mɛjdantʃa'sı]
câmara (f)	kino kamerası	[ki'no 'kamɛrası]

cinema (m)	kinoteatr	[kinotɛ'atr]
ecrã (m), tela (f)	ekran	[ɛk'ran]
exibir um filme	film göstərmək	['film gøstær'mæk]

pista (f) sonora	səs zolağı	['sæs zola'ɣı]
efeitos (m pl) especiais	xüsusi effektlər	[χysu'si ɛffɛkt'lær]
legendas (f pl)	subtitrlər	[sub'titrlær]

crédito (m)	titrlər	['titrlær]
tradução (f)	tərcümə	[tærdʒy'mæ]

126. Pintura

arte (f)	incəsənət	[indʒ'æsæ'næt]
belas-artes (f pl)	incə sənətlər	[in'dʒ'æ sænæt'lær]
galeria (f) de arte	qalereya	[galɛ'rɛja]
exposição (f) de arte	rəsm sərgisi	['ræsm særgi'si]

pintura (f)	rəssamlıq	[ræssam'lıh]
arte (f) gráfica	qrafika	['grafika]
arte (f) abstrata	abstraksionizm	[abstraksio'nizm]
impressionismo (m)	impressionizm	[imprɛssio'nizm]

pintura (f), quadro (m)	rəsm	['ræsm]
desenho (m)	şəkil	[ʃæ'kil]
cartaz, póster (m)	plakat	[pla'kat]

ilustração (f)	şəkil	[ʃæ'kil]
miniatura (f)	miniatür	[minia'tyr]
cópia (f)	surət	[su'ræt]
reprodução (f)	reproduksiya	[rɛpro'duksija]

mosaico (m)	mozaika	[mo'zaika]
vitral (m)	vitraj	[vit'raʒ]
fresco (m)	freska	['frɛska]
gravura (f)	qravüra	[gra'vyra]

busto (m)	büst	['byst]
escultura (f)	heykəl	[hɛj'kæl]
estátua (f)	heykəl	[hɛj'kæl]
gesso (m)	qips	['gips]
em gesso	qipsdən	[gips'dæn]

retrato (m)	portret	[port'rɛt]
autorretrato (m)	avtoportret	[avtoport'rɛt]
paisagem (f)	mənzərə	[mænzæ'ræ]
natureza (f) morta	natürmort	[natyr'mort]
caricatura (f)	karikatura	[karika'tura]
esboço (m)	eskiz	[ɛs'kiz]

tinta (f)	boya	[bo'ja]
aguarela (f)	akvarel	[akva'rɛl]
óleo (m)	yağ	['jaɣ]
lápis (m)	karandaş	[karan'daʃ]
tinta da China (f)	tuş	['tuʃ]
carvão (m)	kömür	[kø'myr]

desenhar (vt)	çəkmək	[ʧæk'mæk]
pintar (vt)	çəkmək	[ʧæk'mæk]

posar (vi)	poza almaq	['poza al'mah]
modelo (m)	canlı model	[dʒ'an'lı mo'dɛl]

modelo (f)	canlı model olan qadın	[dʒʲan'lı mo'dɛl o'lan ga'dın]
pintor (m)	rəssam	[ræs'sam]
obra (f)	əsər	[æ'sær]
obra-prima (f)	şah əsər	['ʃah æ'sær]
estúdio (m)	emalatxana	[ɛmalatχa'na]

tela (f)	qalın kətan	[ga'lın kæ'tan]
cavalete (m)	molbert	[mol'bɛrt]
paleta (f)	palitra	[pa'litra]

moldura (f)	çərçivə	[ʧærʧi'væ]
restauração (f)	bərpa etmə	[bær'pa ɛt'mæ]
restaurar (vt)	bərpa etmək	[bær'pa ɛt'mæk]

127. Literatura & Poesia

literatura (f)	ədəbiyyat	[ædæbi'at]
autor (m)	müəllif	[myæl'lif]
pseudónimo (m)	təxəllüs	[tæχæl'lys]

livro (m)	kitab	[ki'tap]
volume (m)	cild	['dʒild]
índice (m)	mündəricat	[myndɛri'dʒʲæt]
página (f)	səhifə	[sæhi'fæ]
protagonista (m)	baş qəhrəman	['baʃ gæhræ'man]
autógrafo (m)	avtoqraf	[av'tograf]

conto (m)	hekayə	[hɛka'jæ]
novela (f)	povest	['povɛst]
romance (m)	roman	[ro'man]
obra (f)	əsər	[æ'sær]
fábula (m)	təmsil	[tæm'sil]
romance (m) policial	detektiv	[dɛtɛk'tiv]

poesia (obra)	şer	['ʃɛr]
poesia (arte)	poeziya	[po'ɛzija]
poema (m)	poema	[po'ɛma]
poeta (m)	şair	[ʃa'ir]

ficção (f)	belletristika	[bɛllɛt'ristika]
ficção (f) científica	elmi fantastika	[ɛl'mi fan'tastika]
aventuras (f pl)	macəralar	[madʒʲæra'lar]
literatura (f) didática	dərs ədəbiyyatı	['dærs ædæbia'tı]
literatura (f) infantil	uşaq ədəbiyyatı	[u'ʃah ædæbia'tı]

128. Circo

circo (m)	sirk	['sirk]
circo (m) ambulante	səyyar sirk	[sæ'jar 'sirk]
programa (m)	proqram	[prog'ram]
apresentação (f)	tamaşa	[tama'ʃa]
número (m)	nömrə	[nøm'ræ]

arena (f)	səhnə	[sæh'næ]
pantomima (f)	pantomima	[panto'mima]
palhaço (m)	təlxək	[tæl'χæk]

acrobata (m)	canbaz	[ʤan'baz]
acrobacia (f)	canbazlıq	[ʤanbaz'lıh]
ginasta (m)	gimnast	[gim'nast]
ginástica (f)	gimnastika	[gim'nastika]
salto (m) mortal	salto	['salto]

homem forte (m)	atlet	[at'lɛt]
domador (m)	heyvan təlimçisi	[hɛj'van tælimʧi'si]
cavaleiro (m) equilibrista	at sürən	['at sy'ræn]
assistente (m)	kömək çi	[kømæk'ʧi]

truque (m)	kəndirbaz hoqqası	[kændir'baz hokka'sı]
truque (m) de mágica	fokus	['fokus]
mágico (m)	fokus göstərən	['fokus gøstæ'ræn]

malabarista (m)	jonqlyor	[ʒong'lʲor]
fazer malabarismos	jonqlyorluq etmək	[ʒonglʲor'lʲuh ɛt'mæk]
domador (m)	heyvan təlimçisi	[hɛj'van tælimʧi'si]
adestramento (m)	heyvan təlimi	[hɛj'van tæli'mi]
adestrar (vt)	heyvanı təlim etmək	[hɛjva'nı tæ'lim æt'mæk]

129. Música. Música popular

música (f)	musiqi	[musi'gi]
músico (m)	musiqiçi	[musigi'ʧi]
instrumento (m) musical	musiqi aləti	[musi'gi alæ'ti]
tocar ...	... çalmaq	[... ʧal'mah]

guitarra (f)	qitara	[gita'ra]
violino (m)	skripka	[sk'ripka]
violoncelo (m)	violonçel	[violon'ʧɛl]
contrabaixo (m)	kontrabas	[kontra'bas]
harpa (f)	arfa	['arfa]

piano (m)	piano	[pi'ano]
piano (m) de cauda	royal	[ro'jal]
órgão (m)	orqan	[or'gan]

instrumentos (m pl) de sopro	nəfəs alətləri	[næ'fæs alætlæ'ri]
oboé (m)	qoboy	[go'boj]
saxofone (m)	saksofon	[sakso'fon]
clarinete (m)	klarnet	[klar'nɛt]
flauta (f)	fleyta	['flɛjta]
trompete (m)	truba	[tru'ba]

| acordeão (m) | akkordeon | [akkordɛ'on] |
| tambor (m) | təbil | [tæ'bil] |

| duo, dueto (m) | duet | [du'ɛt] |
| trio (m) | trio | ['trio] |

117

quarteto (m)	kvartet	[kvar'tɛt]
coro (m)	xor	['χor]
orquestra (f)	orkestr	[or'kɛstr]

música (f) pop	pop musiqisi	['pop musigi'si]
música (f) rock	rok musiqisi	['rok musigi'si]
grupo (m) de rock	rok qrupu	['rok gru'pu]
jazz (m)	caz	['ʤ'az]

| ídolo (m) | büt | ['byt] |
| fã, admirador (m) | perestişkar | [pæræstiʃ'k'ar] |

concerto (m)	konsert	[kon'sɛrt]
sinfonia (f)	simfoniya	[sim'fonija]
composição (f)	eser	[æ'sær]
compor (vt)	yaratmaq	[jarat'mah]

canto (m)	oxuma	[oχu'ma]
canção (f)	mahnı	[mah'nı]
melodia (f)	melodiya	[mɛ'lodija]
ritmo (m)	ritm	['ritm]
blues (m)	blüz	['blyz]

notas (f pl)	notlar	[not'lar]
batuta (f)	çubuq	[ʧu'buh]
arco (m)	kaman	[ka'man]
corda (f)	sim	['sim]
estojo (m)	qab	['gap]

Descanso. Entretenimento. Viagens

130. Viagens

turismo (m)	turizm	[tu'rizm]
turista (m)	turist	[tu'rist]
viagem (f)	səyahət	[sæja'hæt]
aventura (f)	macəra	[madʒ'æ'ra]
viagem (f)	səfər	[sæ'fær]

férias (f pl)	məzuniyyət	[mæzuni'æt]
estar de férias	məzuniyyətdə olmaq	[mæzuniæt'dæ ol'mah]
descanso (m)	istirahət	[istira'hæt]

comboio (m)	qatar	[ga'tar]
de comboio (chegar ~)	qatarla	[ga'tarla]
avião (m)	təyyarə	[tæja'ræ]
de avião	təyyarə ilə	[tæja'ræ i'læ]
de carro	maşınla	[ma'ʃınla]
de navio	gəmidə	[gæmi'dæ]

bagagem (f)	baqaj	[ba'gaʒ]
mala (f)	çamadan	[ʧama'dan]
carrinho (m)	baqaj üçün araba	[ba'gaʒ ju'ʧun ara'ba]

passaporte (m)	pasport	['pasport]
visto (m)	viza	['viza]
bilhete (m)	bilet	[bi'lɛt]
bilhete (m) de avião	təyyarə bileti	[tæja'ræ bilɛ'ti]

guia (m) de viagem	soraq kitabçası	[so'rah kitabʧa'sı]
mapa (m)	xəritə	[χæri'tæ]
local (m), area (f)	yer	['ɛr]
lugar, sítio (m)	yer	['ɛr]

exotismo (m)	ekzotika	[ɛk'zotika]
exótico	ekzotik	[ɛkzo'tik]
surpreendente	təəccüb doğuran	[taæ'dʒyp doɣu'ran]

grupo (m)	qrup	['grup]
excursão (f)	ekskursiya	[ɛks'kursija]
guia (m)	ekskursiya rəhbəri	[ɛks'kursija ræhbæ'ri]

131. Hotel

hotel (m)	mehmanxana	[mɛhmanχa'na]
motel (m)	motel	[mo'tɛl]
três estrelas	3 ulduzlu	['juʧ ulduz'lʲu]

cinco estrelas	5 ulduzlu	['bɛʃ ulduz'lʲu]
ficar (~ num hotel)	qalmaq	[gal'mah]
quarto (m)	nömrə	[nøm'ræ]
quarto (m) individual	bir nəfərlik nömrə	['bir næfær'lik nøm'ræ]
quarto (m) duplo	iki nəfərlik nömrə	[i'ki næfær'lik nøm'ræ]
reservar um quarto	nömrə təxsis etmək	[nøm'ræ tæχ'sis ɛt'mæk]
meia pensão (f)	yarım pansion	[ja'rım pansi'on]
pensão (f) completa	tam pansion	['tam pansi'on]
com banheira	vannası olan nömrə	[vanna'sı o'lan nøm'ræ]
com duche	duşu olan nömrə	[du'ʃu o'lan nøm'ræ]
televisão (m) satélite	peyk televiziyası	['pɛjk tɛlɛ'vizijası]
ar (m) condicionado	kondisioner	[kondisio'nɛr]
toalha (f)	dəsmal	[dæs'mal]
chave (f)	açar	[a'ʧar]
administrador (m)	müdir	[my'dir]
camareira (f)	otaq qulluqçusu	[o'tah gullʲugʧu'su]
bagageiro (m)	yükdaşıyan	[jykdaʃı'jan]
porteiro (m)	qapıçı	[gapı'ʧı]
restaurante (m)	restoran	[rɛsto'ran]
bar (m)	bar	['bar]
pequeno-almoço (m)	səhər yeməyi	[sæ'hær ɛmɛ'jı]
jantar (m)	axşam yeməyi	[aχ'ʃam ɛmɛ'jı]
buffet (m)	İsveç masası	[is'vɛʧ masa'sı]
hall (m) de entrada	vestibül	[vɛsti'byl]
elevador (m)	lift	['lift]
NÃO PERTURBE	NARAHAT ETMƏYİN!	[nara'hat 'ɛtmæjın]
PROIBIDO FUMAR!	SİQARET ÇƏKMƏYİN!	[siga'rɛt 'ʧækmæjın]

132. Livros. Leitura

livro (m)	kitab	[ki'tap]
autor (m)	müəllif	[myæl'lif]
escritor (m)	yazıçı	[jazı'ʧı]
escrever (vt)	yazmaq	[jaz'mah]
leitor (m)	oxucu	[oχu'ʤʲu]
ler (vt)	oxumaq	[oχu'mah]
leitura (f)	oxuma	[oχu'ma]
para si	ürəyində	[yræjın'dæ]
em voz alta	ucadan	[uʤʲa'dan]
publicar (vt)	nəşr etmək	['næʃr ɛt'mæk]
publicação (f)	nəşr	['næʃr]
editor (m)	naşir	[na'ʃir]
editora (f)	nəşriyyət	[næʃri'æt]
sair (vi)	çıxmaq	[ʧıχ'mah]

| lançamento (m) | kitabın çıxması | [kita'bın ʧıχma'sı] |
| tiragem (f) | tiraj | [ti'raʒ] |

| livraria (f) | kitab mağazası | [ki'tap ma'ɣazası] |
| biblioteca (f) | kitabxana | [kitapχa'na] |

novela (f)	povest	['povɛst]
conto (m)	hekayə	[hɛka'jæ]
romance (m)	roman	[ro'man]
romance (m) policial	detektiv	[dɛtɛk'tiv]

memórias (f pl)	xatirələr	[χatiræ'lær]
lenda (f)	əfsanə	[æfsa'næ]
mito (m)	əsatir	[æsa'tir]

poesia (f)	şer	['ʃɛr]
autobiografia (f)	tərcümeyi-hal	[tærdʒy'mɛi 'hal]
obras (f pl) escolhidas	seçilmiş əsərlər	[sɛʧil'miʃ æsær'lær]
ficção (f) científica	elmi fantastika	[ɛl'mi fan'tastika]

título (m)	ad	['ad]
introdução (f)	giriş	[gi'riʃ]
folha (f) de rosto	titul vərəqi	['titul væræ'gi]

capítulo (m)	fəsil	[fæ'sil]
excerto (m)	parça	[par'ʧa]
episódio (m)	epizod	[ɛpi'zod]

tema (m)	süjet	[sy'ʒɛt]
conteúdo (m)	mündəricat	[myndɛri'dʒʲæt]
índice (m)	mündəricat	[myndɛri'dʒʲæt]
protagonista (m)	baş qəhrəman	['baʃ gæhræ'man]

tomo, volume (m)	cild	['dʒʲild]
capa (f)	üz	['yz]
encadernação (f)	cild	['dʒʲild]
marcador (m) de livro	əlfəcin	[ælfæ'dʒʲin]

página (f)	səhifə	[sæhi'fæ]
folhear (vt)	vərəqləmək	[væræglæ'mæk]
margem (f)	kənarlar	[kænar'lar]
anotação (f)	nişan	[ni'ʃan]
nota (f) de rodapé	qeyd	['gɛjd]

texto (m)	mətn	['mætn]
fonte (f)	şrift	['ʃrift]
gralha (f)	səhv	['sæhv]

tradução (f)	tərcümə	[tærdʒy'mæ]
traduzir (vt)	tərcümə etmək	[tærdʒy'mæ ɛt'mæk]
original (m)	əsil	[æ'sil]

famoso	məşhur	[mæʃ'hur]
desconhecido	naməlum	[namæ'lʲum]
interessante	maraqlı	[marag'lı]
best-seller (m)	bestseller	[bɛs'ʦɛllɛr]

dicionário (m)	lüğet	[ly'ɣæt]
manual (m) escolar	ders kitabı	['dærs kita'bı]
enciclopédia (f)	ensiklopediya	[ɛnsiklo'pɛdija]

133. Caça. Pesca

caça (f)	ov	['ov]
caçar (vi)	ova çıxmaq	[o'va ʧıχ'mah]
caçador (m)	ovçu	[ov'ʧu]

atirar (vi)	ateş açmaq	[a'tæʃ aʧ'mah]
caçadeira (f)	tüfeng	[ty'fænh]
cartucho (m)	patron	[pat'ron]
chumbo (m) de caça	qırma	[gır'ma]

armadilha (f)	tele	[tæ'læ]
armadilha (com corda)	tele	[tæ'læ]
pôr a armadilha	tele qurmaq	[tæ'læ gur'mah]
caçador (m) furtivo	brakonyer	[brako'njɛr]
caça (f)	ov quşları ve heyvanları	['ov guʃla'rı 'væ hɛjvanla'rı]
cão (m) de caça	ov iti	['ov i'ti]
safári (m)	safari	[sa'fari]
animal (m) empalhado	müqevva	[mygæv'va]

pescador (m)	balıqçı	[balıg'ʧı]
pesca (f)	balıq ovu	[ba'lıh o'vu]
pescar (vt)	balıq tutmaq	[ba'lıh tut'mah]
cana (f) de pesca	tilov	[ti'lov]
linha (f) de pesca	tilov ipi	[ti'lov i'pi]
anzol (m)	qarmaq	[gar'mah]
boia (f)	qaravul	[gara'vul]
isca (f)	tele yemi	[tæ'læ ɛ'mi]

lançar a linha	tilov atmaq	[ti'lov at'mah]
morder (vt)	tilova gelmek	[tilo'va gæl'mæk]
pesca (f)	ovlanmış balıq	[ovlan'mıʃ ba'lıh]
buraco (m) no gelo	buzda açılmış deşik	[buz'da aʧıl'mıʃ dɛ'ʃik]

rede (f)	tor	['tor]
barco (m)	qayıq	[ga'jıh]
pescar com rede	torla balıq tutmaq	['torla ba'lıh tut'mak]
lançar a rede	toru suya atmaq	[to'ru su'ja at'mah]
puxar a rede	toru çıxarmaq	[to'ru ʧıxar'mah]

baleeiro (m)	balina ovçusu	[ba'lina ovʧu'su]
baleeira (f)	balina ovlayan gemi	[ba'lina ovla'jan gæ'mi]
arpão (m)	iri qarmaq	[i'ri gar'mah]

134. Jogos. Bilhar

bilhar (m)	bilyard	[bi'ljard]
sala (f) de bilhar	bilyard salonu	[bi'ljard salo'nu]

bola (f) de bilhar	bilyard şarı	[bi'ljard ʃa'rı]
embolsar uma bola	şarı luzaya salmaq	[ʃa'rı 'lʲuzaja sal'mah]
taco (m)	kiy	['kij]
caçapa (f)	luza	['lʲuza]

135. Jogos. Jogar cartas

ouros (m pl)	kərpicxallı kart	[kærpidʒʲχal'lı 'kart]
espadas (f pl)	qaratoxmaq	[garatoχ'mah]
copas (f pl)	qırmızı toxmaq	[gırmı'zı toχ'mah]
paus (m pl)	xaç xallı	['χatʃ χal'lı]

ás (m)	tuz	['tuz]
rei (m)	kral	['kral]
dama (f)	xanım	[χa'nım]
valete (m)	valet	[va'lɛt]

carta (f) de jogar	kart	['kart]
cartas (f pl)	kart	['kart]
trunfo (m)	kozır	['kozır]
baralho (m)	bir dəst kart	['bir 'dæst 'kart]

dar, distribuir (vt)	kart paylamaq	['kart pajla'mah]
embaralhar (vt)	kart qarışdırmaq	['kart garıʃdır'mah]
vez, jogada (f)	oyun	[o'jun]
batoteiro (m)	kart fırıldaqçısı	['kart fırıldagtʃı'sı]

136. Descanso. Jogos. Diversos

passear (vi)	gəzmək	[gæz'mæk]
passeio (m)	gəzinti	[gæzin'ti]
viagem (f) de carro	gəzinti	[gæzin'ti]
aventura (f)	macəra	[madʒʲæ'ra]
piquenique (m)	piknik	[pik'nik]

jogo (m)	oyun	[o'jun]
jogador (m)	oyunçu	[ojun'tʃu]
partida (f)	hissə	[his'sæ]

colecionador (m)	kolleksiyaçı	[kol'lɛksijatʃı]
colecionar (vt)	kolleksiya toplamaq	[kol'lɛksija toplamah]
coleção (f)	kolleksiya	[kol'lɛksija]

palavras (f pl) cruzadas	krossvord	[kross'vord]
hipódromo (m)	cıdır meydanı	[dʒʲı'dır mɛjda'nı]
discoteca (f)	diskoteka	[disko'tɛka]

sauna (f)	sauna	['sauna]
lotaria (f)	lotereya	[lotɛ'rɛja]

campismo (m)	yürüş	[jy'ryʃ]
acampamento (m)	düşərgə	[dyʃær'gæ]

tenda (f)	çadır	[ʧa'dır]
bússola (f)	kompas	['kompas]
campista (m)	turist	[tu'rist]

ver (vt), assistir à ...	baxmaq	[baχ'mah]
telespectador (m)	televiziya tamaşaçısı	[tɛlɛ'vizija tamaʃaʧı'sı]
programa (m) de TV	televiziya verilişi	[tɛlɛ'vizija vɛrili'ʃi]

137. Fotografia

| máquina (f) fotográfica | fotoaparat | [fotoapa'rat] |
| foto, fotografia (f) | fotoqrafiya | [foto'grafija] |

fotógrafo (m)	fotoqrafçı	[fotograf'ʧı]
estúdio (m) fotográfico	fotostudiya	[foto'studija]
álbum (m) de fotografias	fotoalbom	[fotoal'bom]

objetiva (f)	obyektiv	[objɛk'tiv]
teleobjetiva (f)	teleobyektiv	[tɛlɛobjɛk'tiv]
filtro (m)	filtr	['filtr]
lente (f)	linza	['linza]
ótica (f)	optika	['optika]
abertura (f)	diafraqma	[diaf'ragma]
exposição (f)	obyektivin açıq qalma müddəti	[objɛkti'vin a'ʧıh gal'ma myddæ'ti]
visor (m)	vizir	[vi'zir]

câmara (f) digital	rəqəm kamerası	[ræ'gæm 'kamɛrası]
tripé (m)	üçayaq	[ytʃa'jah]
flash (m)	işartı	[iʃar'tı]
fotografar (vt)	fotoşəkil çəkmək	[fotoʃæ'kil ʧæk'mæk]
tirar fotos	foto çəkmək	['foto ʧæk'mæk]
fotografar-se	fotoşəkil çəkdirmək	[fotoʃæ'kil ʧækdir'mæk]

foco (m)	aydınlıq	[ajdın'lıh]
focar (vt)	aydınlığa yönəltmək	[ajdınlı'ɣa jonælt'mæk]
nítido	aydın	[aj'dın]
nitidez (f)	aydınlıq	[ajdın'lıh]

| contraste (m) | təzad | [tæ'zad] |
| contrastante | təzadlı | [tæzad'lı] |

retrato (m)	fotoşəkil	[fotoʃæ'kil]
negativo (m)	neqativ	[nɛga'tiv]
filme (m)	fotolent	[foto'lɛnt]
fotograma (m)	kadr	['kadr]
imprimir (vt)	şəkil çıxartmaq	[ʃæ'kil ʧıχart'mah]

138. Praia. Natação

| praia (f) | plyaj | ['plʲaʒ] |
| areia (f) | qum | ['gum] |

deserto	adamsız	[adam'sız]
bronzeado (m)	gündən qaralma	[gyn'dæn garal'ma]
bronzear-se (vr)	qaralmaq	[garal'mah]
bronzeado	gündən qaralmış	[gyn'dæn garal'mıʃ]
protetor (m) solar	qaralma kremi	[garal'ma krɛ'mi]

biquíni (m)	bikini	[bi'kini]
fato (m) de banho	çimmə paltarı	[tʃim'mæ palta'rı]
calção (m) de banho	üzgüçü tumanı	[yzgy'tʃu tuma'nı]

piscina (f)	hovuz	[ho'vuz]
nadar (vi)	üzmək	[yz'mæk]
duche (m)	duş	['duʃ]
mudar de roupa	əynini dəyişmək	[æjni'ni dæiʃ'mæk]
toalha (f)	dəsmal	[dæs'mal]

| barco (m) | qayıq | [ga'jıh] |
| lancha (f) | kater | ['katɛr] |

esqui (m) aquático	su xizəyi	['su χizæ'jı]
barco (m) de pedais	su velosipedi	['su vɛlosipɛ'di]
surf (m)	serfinq	['sɛrfinh]
surfista (m)	serfinq idmançısı	['sɛrfinh idmantʃı'sı]

equipamento (m) de mergulho	akvalanq	[akva'lanh]
barbatanas (f pl)	lastlar	[last'lar]
máscara (f)	maska	[mas'ka]
mergulhador (m)	dalğıc	[dal'ɣıdʒʲ]
mergulhar (vi)	dalmaq	[dal'mah]
debaixo d'água	suyun altında	[su'jun altın'da]

guarda-sol (m)	çətir	[tʃæ'tir]
espreguiçadeira (f)	şezlonq	[ʃɛz'lonh]
óculos (m pl) de sol	eynək	[ɛj'næk]
colchão (m) de ar	üzmək üçün döşək	[yz'mæk ju'tʃun dø'ʃæk]

| brincar (vi) | oynamaq | [ojna'mah] |
| ir nadar | çimmək | [tʃim'mæk] |

bola (f) de praia	top	['top]
encher (vt)	doldurmak	[doldur'mag]
inflável, de ar	hava ilə doldurulan	[ha'va i'læ dolduru'lan]

onda (f)	dalğa	[dal'ɣa]
boia (f)	siqnal üzgəci	[sig'nal juzgæ'dʒʲi]
afogar-se (pessoa)	boğulub batmaq	[boɣu'lʲup bat'mah]

salvar (vt)	xilas etmək	[χi'las ɛt'mæk]
colete (m) salva-vidas	xilas edici jilet	[χi'las ædi'dʒʲi ʒi'lɛt]
observar (vt)	müşaidə etmək	[myʃai'dæ ɛt'mæk]
nadador-salvador (m)	xilas edən	[χi'las ɛ'dæn]

EQUIPAMENTO TÉCNICO. TRANSPORTES

Equipamento técnico. Transportes

139. Computador

| computador (m) | bilgisayar | [bilgisa'jar] |
| portátil (m) | noutbuk | ['noutbuk] |

| ligar (vt) | işə salmaq | [i'ʃæ sal'mah] |
| desligar (vt) | söndürmək | [søndyr'mæk] |

teclado (m)	klaviatura	[klavia'tura]
tecla (f)	dil	['dil]
rato (m)	bilgisayar siçanı	[bilgisa'jar sitʃa'nı]
tapete (m) de rato	altlıq	[alt'lıh]

| botão (m) | düymə | [dyj'mæ] |
| cursor (m) | kursor | [kur'sor] |

| monitor (m) | monitor | [moni'tor] |
| ecrã (m) | ekran | [ɛk'ran] |

disco (m) rígido	sərt disk	['sært 'disk]
capacidade (f) do disco rígido	sərt diskin həcmi	['sært dis'kin hædʒ'mi]
memória (f)	yaddaş	[jad'daʃ]
memória RAM (f)	operativ yaddaş	[opɛra'tiv jad'daʃ]

ficheiro (m)	fayl	['fajl]
pasta (f)	qovluq	[gov'lʲuh]
abrir (vt)	açmaq	[atʃ'mah]
fechar (vt)	bağlamaq	[baɣla'mah]

guardar (vt)	saxlamaq	[saχla'mah]
apagar, eliminar (vt)	silmək	[sil'mæk]
copiar (vt)	kopyalamaq	[kopjala'mah]
ordenar (vt)	çeşidləmək	[tʃɛʃidlæ'mæk]
copiar (vt)	yenidən yazmaq	[ɛni'dæn jaz'mah]

programa (m)	proqram	[prog'ram]
software (m)	proqram təminatı	[prog'ram tæmina'tı]
programador (m)	proqramçı	[program'tʃı]
programar (vt)	proqramlaşdırmaq	[programlaʃdır'mah]

hacker (m)	xaker	['χakɛr]
senha (f)	parol	[pa'rol]
vírus (m)	virus	['virus]
detetar (vt)	aşkar etmək	[aʃ'kʲar ɛt'mæk]
byte (m)	bayt	['bajt]

megabyte (m)	meqabayt	[mɛga'bajt]
dados (m pl)	məlumatlar	[mælʲumat'lar]
base (f) de dados	məlumatlar bazası	[mælʲumat'lar 'bazası]

cabo (m)	kabel	['kabɛl]
desconectar (vt)	ayırmaq	[ajır'mah]
conetar (vt)	qoşmaq	[goʃ'mah]

140. Internet. E-mail

internet (f)	internet	[intɛr'nɛt]
browser (m)	brauzer	['brauzɛr]
motor (m) de busca	axtarış mənbəyi	[aχta'rıʃ mænbæ'i]
provedor (m)	provayder	[provaj'dɛr]

webmaster (m)	veb ustası	['vɛp usta'sı]
website, sítio web (m)	veb-sayt	['vɛp 'sajt]
página (f) web	veb-səhifə	['vɛp sæi'fæ]

endereço (m)	ünvan	[yn'van]
livro (m) de endereços	ünvan kitabı	[yn'van kita'bı]

caixa (f) de correio	poçt qutusu	['potʃt gutu'su]
correio (m)	poçt	['potʃt]

mensagem (f)	ismarıc	[isma'rıʤʲ]
remetente (m)	göndərən	[gøndæ'ræn]
enviar (vt)	göndərmək	[gøndær'mæk]
envio (m)	göndərilmə	[gøndæril'mæ]

destinatário (m)	alan	[a'lan]
receber (vt)	almaq	[al'mah]

correspondência (f)	məktublaşma	[mæktublaʃ'ma]
corresponder-se (vr)	məktublaşmaq	[mæktublaʃ'mah]

ficheiro (m)	fayl	['fajl]
fazer download, baixar	kopyalamaq	[kopjala'mah]
criar (vt)	yaratmaq	[jarat'mah]
apagar, eliminar (vt)	silmək	[sil'mæk]
eliminado	silinmiş	[silin'miʃ]

conexão (f)	bağlantı	[baɣlan'tı]
velocidade (f)	surət	[su'ræt]
modem (m)	modem	[mo'dɛm]

acesso (m)	yol	['jol]
porta (f)	giriş	[gi'riʃ]

conexão (f)	qoşulma	[goʃul'ma]
conetar (vi)	qoşulmaq	[goʃul'mah]

escolher (vt)	seçmək	[sɛtʃ'mæk]
buscar (vt)	axtarmaq	[aχtar'mah]

Transportes

141. Avião

avião (m)	təyyarə	[tæja'ræ]
bilhete (m) de avião	təyyarə bileti	[tæja'ræ bilɛ'ti]
companhia (f) aérea	hava yolu şirkəti	[ha'va jo'lʲu ʃirkæ'ti]
aeroporto (m)	hava limanı	[ha'va lima'nı]
supersónico	səsdən sürətli	[sæs'dæn syræt'li]

comandante (m) do avião	hava gəmisinin komandiri	[ha'va gæmisi'nin komandi'ri]
tripulação (f)	heyyət	[hɛ'jæt]
piloto (m)	pilot	[pi'lot]
hospedeira (f) de bordo	stüardessa	[styar'dɛssa]
copiloto (m)	şturman	['ʃturman]

asas (f pl)	qanadlar	[ganad'lar]
cauda (f)	arxa	[ar'ҳa]
cabine (f) de pilotagem	kabina	[ka'bina]
motor (m)	mühərrik	[myhær'rik]
trem (m) de aterragem	şassi	[ʃas'si]
turbina (f)	turbina	[tur'bina]

hélice (f)	propeller	[pro'pɛllɛr]
caixa-preta (f)	qara qutu	[ga'ra gu'tu]
coluna (f) de controlo	sükan çarxı	[sy'kʲan tʃar'ҳı]
combustível (m)	yanacaq	[jana'dʒʲah]

instruções (f pl) de segurança	təlimat	[tæli'mat]
máscara (f) de oxigénio	oksigen maskası	[oksi'gɛn maska'sı]
uniforme (m)	rəsmi paltar	[ræs'mi pal'tar]

colete (m) salva-vidas	xilas edici jilet	[ҳi'las ædi'dʒʲi ʒi'lɛt]
paraquedas (m)	paraşüt	[para'ʃyt]

descolagem (f)	havaya qalxma	[hava'ja galҳ'ma]
descolar (vi)	havaya qalxmaq	[hava'ja galҳ'mah]
pista (f) de descolagem	qalxma-enmə zolağı	[galҳ'ma ɛn'mæ zola'ҳı]

visibilidade (f)	görünmə dərəcəsi	[gøryn'mæ dærædʒʲæ'si]
voo (m)	uçuş	[u'tʃuʃ]

altura (f)	hündürlük	[hyndyr'lyk]
poço (m) de ar	hava boşluğu	[ha'va boʃlʲu'ɣu]

assento (m)	yer	['ɛr]
auscultadores (m pl)	qulaqlıqlar	[gulaglıg'lar]
mesa (f) rebatível	qatlanan masa	[gatla'nan ma'sa]
vigia (f)	illüminator	[illymi'nator]
passagem (f)	keçid	[kɛ'tʃid]

142. Comboio

comboio (m)	qatar	[ga'tar]
comboio (m) suburbano	elektrik qatarı	[ɛlɛkt'rik gata'rı]
comboio (m) rápido	süret qatarı	[sy'ræt gata'rı]
locomotiva (f) diesel	teplovoz	[tɛplo'voz]
locomotiva (f) a vapor	parovoz	[paro'voz]

carruagem (f)	vaqon	[va'gon]
carruagem restaurante (f)	vaqon-restoran	[va'gon rɛsto'ran]

carris (m pl)	relsler	[rɛls'lær]
caminho de ferro (m)	demiryolu	[dæmirjo'lʲu]
travessa (f)	şpal	['ʃpal]

plataforma (f)	platforma	[plat'forma]
linha (f)	yol	['jol]
semáforo (m)	semafor	[sɛma'for]
estação (f)	stansiya	['stansija]

maquinista (m)	maşınsüren	[maʃınsy'ræn]
bagageiro (m)	yükdaşıyan	[jykdaʃı'jan]
hospedeiro, -a (da carruagem)	beledçi	[bælæd'ʧi]
passageiro (m)	sernişin	[særni'ʃin]
revisor (m)	nezaretçi	[næzaræ'ʧi]

corredor (m)	dehliz	[dæh'liz]
freio (m) de emergência	stop-kran	['stop 'kran]

compartimento (m)	kupe	[ku'pɛ]
cama (f)	yataq yeri	[ja'tah ɛ'ri]
cama (f) de cima	yuxarı yer	[juχa'rı 'ɛr]
cama (f) de baixo	aşağı yer	[aʃa'ɣı 'ɛr]
roupa (f) de cama	yataq deyişeyi	[ja'tah dæiʃæ'jı]

bilhete (m)	bilet	[bi'lɛt]
horário (m)	cedvel	[dʒæd'væl]
painel (m) de informação	lövhe	[løv'hæ]

partir (vt)	yola düşmek	[jo'la dyʃ'mæk]
partida (f)	yola düşme	[jo'la dyʃ'mæ]

chegar (vi)	gelmek	[gæl'mæk]
chegada (f)	gelme	[gæl'mæ]

chegar de comboio	qatarla gelmek	[ga'tarla gæl'mæk]
apanhar o comboio	qatara minmek	[gata'ra min'mæk]
sair do comboio	qatardan düşmek	[gatar'dan dyʃ'mæk]

acidente (m) ferroviário	qeza	[gæ'za]
locomotiva (f) a vapor	parovoz	[paro'voz]
fogueiro (m)	ocaqçı	[odʒˈag'ʧı]
fornalha (f)	odluq	[od'lʲuh]
carvão (m)	kömür	[kø'myr]

129

143. Barco

navio (m)	gəmi	[gæ'mi]
embarcação (f)	gəmi	[gæ'mi]

vapor (m)	paroxod	[paro'χod]
navio (m)	teploxod	[tɛplo'χod]
transatlântico (m)	layner	['lajnɛr]
cruzador (m)	kreyser	['krɛjsɛr]

iate (m)	yaxta	['jaχta]
rebocador (m)	yedək	[ɛ'dæk]
barcaça (f)	barja	['barʒa]
ferry (m)	bərə	[bæ'ræ]

veleiro (m)	yelkənli qayıq	[ɛlkæn'li ga'jıh]
bergantim (m)	briqantina	[brigan'tina]

quebra-gelo (m)	buzqıran	[buzgı'ran]
submarino (m)	sualtı qayıq	[sual'tı ga'jıh]

bote, barco (m)	qayıq	[ga'jıh]
bote, dingue (m)	şlyupka	['ʃlʲupka]
bote (m) salva-vidas	xilasetmə şlyupkası	[χilasɛt'mæ ʃlʲupka'sı]
lancha (f)	kater	['katɛr]

capitão (m)	kapitan	[kapi'tan]
marinheiro (m)	matros	[mat'ros]
marujo (m)	dənizçi	[dæniz'tʃi]
tripulação (f)	heyyət	[hɛ'jæt]

contramestre (m)	bosman	['bosman]
grumete (m)	gəmi şagirdi	[gæ'mi ʃagir'di]
cozinheiro (m) de bordo	gəmi aşpazı	[gæ'mi aʃpa'zı]
médico (m) de bordo	gəmi həkimi	[gæ'mi hæki'mi]

convés (m)	göyərtə	[gøjær'tæ]
mastro (m)	dirək	[di'ræk]
vela (f)	yelkən	[ɛl'kæn]

porão (m)	anbar	[an'bar]
proa (f)	gəminin qabaq tərəfi	[gæmi'nin ga'bah tæræ'fi]
popa (f)	gəminin arxa tərəfi	[gæmi'nin ar'χa tæræ'fi]
remo (m)	avar	[a'var]
hélice (f)	pərvanə	[pærva'næ]

camarote (m)	kayuta	[ka'juta]
sala (f) dos oficiais	kayut-kompaniya	[ka'jut kom'panija]
sala (f) das máquinas	maşın bölməsi	[ma'ʃın bølmæ'si]
ponte (m) de comando	kapitan körpüsü	[kapi'tan kørpy'sy]
sala (f) de comunicações	radio-rubka	['radio 'rupka]
onda (f) de rádio	radio dalğası	['radio dalɣa'sı]
diário (m) de bordo	gəmi jurnalı	[gæ'mi ʒurna'lı]
luneta (f)	müşahidə borusu	[myʃai'dæ boru'su]
sino (m)	zəng	['zænh]

bandeira (f)	bayraq	[baj'rah]
cabo (m)	kanat	[ka'nat]
nó (m)	dənizçi düyünü	[dæniz'ʧi dyju'ny]

corrimão (m)	məhəccər	[mæhæ'ʤʲær]
prancha (f) de embarque	pilləkən	[pillæ'kæn]

âncora (f)	lövbər	[løv'bær]
recolher a âncora	lövbəri qaldırmaq	[løvbæ'ri galdır'mah]
lançar a âncora	lövbər salmaq	[løv'bær sal'mah]
amarra (f)	lövbər zənciri	[løv'bær zænʤʲi'ri]

porto (m)	liman	[li'man]
cais, amarradouro (m)	körpü	[kør'py]
atracar (vi)	sahilə yaxınlaşmaq	[sahi'læ jaχınlaʃ'mah]
desatracar (vi)	sahildən ayrılmaq	[sahil'dæn ajrıl'mah]

viagem (f)	səyahət	[sæja'hæt]
cruzeiro (m)	kruiz	[kru'iz]
rumo (m), rota (f)	istiqamət	[istiga'mæt]
itinerário (m)	marşrut	[marʃ'rut]

canal (m) navegável	farvater	[far'vatɛr]
banco (m) de areia	say	['saj]
encalhar (vt)	saya oturmaq	[sa'ja otur'mah]

tempestade (f)	fırtına	[fırtı'na]
sinal (m)	siqnal	[sig'nal]
afundar-se (vr)	batmaq	[bat'mah]
SOS	SOS	['sos]
boia (f) salva-vidas	xilas edici dairə	[xilas ɛdi'ʤʲi dai'ræ]

144. Aeroporto

aeroporto (m)	hava limanı	[ha'va lima'nı]
avião (m)	təyyarə	[tæja'ræ]
companhia (f) aérea	hava yolu şirkəti	[ha'va jo'lʲu ʃirkæ'ti]
controlador (m) de tráfego aéreo	dispetçer	[dis'pɛʧɛr]

partida (f)	uçub getmə	[u'ʧup gɛt'mæ]
chegada (f)	uçub gəlmə	[u'ʧup gæl'mæ]
chegar (~ de avião)	uçub gəlmək	[u'ʧup gæl'mæk]

hora (f) de partida	yola düşmə vaxtı	[jo'la dyʃ'mæ vaχ'tı]
hora (f) de chegada	gəlmə vaxtı	[gæl'mæ vaχ'tı]

estar atrasado	gecikmək	[gɛʤʲik'mæk]
atraso (m) de voo	uçuşun gecikməsi	[uʧu'ʃun gɛʤʲikmæ'si]

painel (m) de informação	məlumat lövhəsi	[mælʲu'mat løvhæ'si]
informação (f)	məlumat	[mælʲu'mat]
anunciar (vt)	elan etmək	[ɛ'lan ɛt'mæk]
voo (m)	reys	['rɛjs]

alfândega (f)	gömrük	[gøm'ryk]
funcionário (m) da alfândega	gömrük işçisi	[gøm'ryk iʃʧi'si]
declaração (f) alfandegária	bəyannamə	[bæjanna'mæ]
preencher a declaração	bəyannaməni doldurmaq	[bæjannamæ'ni doldur'mah]
controlo (m) de passaportes	pasport nəzarəti	['pasport næzaræ'ti]
bagagem (f)	baqaj	[ba'gaʒ]
bagagem (f) de mão	əl yükü	['æl ju'ky]
carrinho (m)	araba	[ara'ba]
aterragem (f)	enmə	[ɛn'mæ]
pista (f) de aterragem	enmə zolağı	[ɛn'mæ zola'ɣı]
aterrar (vi)	enmək	[ɛn'mæk]
escada (f) de avião	pilləkən	[pillæ'kæn]
check-in (m)	qeydiyyat	[gɛjdi'at]
balcão (m) do check-in	qeydiyyat yeri	[gɛjdi'at ɛ'ri]
fazer o check-in	qeydiyyatdan keçmək	[gɛjdiat'dan kɛʧ'mæk]
cartão (m) de embarque	minik talonu	[mi'nik talo'nu]
porta (f) de embarque	çıxış	[ʧı'xıʃ]
trânsito (m)	tranzit	[tran'zit]
esperar (vi, vt)	gözləmək	[gøzlæ'mæk]
sala (f) de espera	gözləmə zalı	[gøzlæ'mæ za'lı]
despedir-se de …	yola salmaq	[jo'la sal'mah]
despedir-se (vr)	vidalaşmaq	[vidalaʃ'mah]

145. Bicicleta. Motocicleta

bicicleta (f)	velosiped	[vɛlosi'pɛd]
scotter, lambreta (f)	motoroller	[moto'rollɛr]
mota (f)	motosiklet	[motosik'lɛt]
ir de bicicleta	velosipedlə getmək	[vɛlosi'pɛdlæ gɛt'mæk]
guiador (m)	sükan	[sy'kan]
pedal (m)	pedal	[pɛ'dal]
travões (m pl)	tormoz	['tormoz]
selim (m)	oturmaq yeri	[otur'mah ɛ'ri]
bomba (f) de ar	nasos	[na'sos]
porta-bagagens (m)	baqaj yeri	[ba'gaʒ ɛ'ri]
lanterna (f)	fənər	[fæ'nær]
capacete (m)	dəbilqə	[dæbil'gæ]
roda (f)	təkər	[tæ'kær]
guarda-lamas (m)	qanad	[ga'nad]
aro (m)	çənbər	[ʧæn'bær]
raio (m)	mil	['mil]

Carros

146. Tipos de carros

carro, automóvel (m)	avtomobil	[avtomo'bil]
carro (m) desportivo	idman avtomobili	[id'man avtomobi'li]
limusine (f)	limuzin	[limu'zin]
descapotável (m)	kabriolet	[kabrio'lɛt]
minibus (m)	mikroavtobus	[mikroav'tobus]
ambulância (f)	tecili yardım maşını	[tædʒ'i'li jar'dım maʃı'nı]
limpa-neve (m)	qar təmizləyən maşın	['gar tæmizlæ'jæn ma'ʃın]
camião (m)	yük maşını	['juk maʃı'nı]
camião-cisterna (m)	benzin daşıyan maşın	[bɛn'zin daʃı'jan ma'ʃın]
carrinha (f)	furqon	[fur'gon]
camião-trator (m)	yedəkçi	[ɛdæk'tʃi]
atrelado (m)	qoşulma araba	[goʃul'ma ara'ba]
confortável	komfortlu	[komfort'lʲu]
usado	işlənmiş	[iʃlæn'miʃ]

147. Carros. Carroçaria

capô (m)	kapot	[ka'pot]
guarda-lamas (m)	qanad	[ga'nad]
tejadilho (m)	üst	['yst]
para-brisa (m)	qabaq şüşəsi	[ga'bah ʃyʃæ'si]
espelho (m) retrovisor	arxa görünüş güzgüsü	[ar'χa gøry'nyʃ gyzgy'sy]
lavador (m)	şüşəyuyanlar	[ʃyʃæyjan'lar]
limpa-para-brisas (m)	şüşə silgəcləri	[ʃy'ʃæ silgædʒ'lʲæ'ri]
vidro (m) lateral	yan şüşə	['jan ʃy'ʃæ]
elevador (m) do vidro	şüşə qaldırıcı mexanizm	[ʃy'ʃæ galdırı'dʒʲı mɛχa'nizm]
antena (f)	antenna	[an'tɛnna]
teto solar (m)	lyuk	['lʲuk]
para-choques (m pl)	bamper	['bampɛr]
bagageira (f)	baqaj yeri	[ba'gaʒ ɛ'ri]
porta (f)	qapı	[ga'pı]
maçaneta (f)	qapı dəstəyi	[ga'pı dæstæ'jı]
fechadura (f)	qıfıl	[gı'fıl]
matrícula (f)	nömrə	[nøm'ræ]
silenciador (m)	səsboğan	[sæsbo'ɣan]

| tanque (m) de gasolina | benzin bakı | [bɛn'zin ba'kı] |
| tubo (m) de escape | işlənmiş qaz borusu | [iʃlæn'miʃ 'gaz boru'su] |

acelerador (m)	qaz	['gaz]
pedal (m)	pedal	[pɛ'dal]
pedal (m) do acelerador	qaz pedalı	['gaz pɛda'lı]

travão (m)	tormoz	['tormoz]
pedal (m) do travão	tormoz pedalı	['tormoz pɛda'lı]
travar (vt)	tormozlamaq	[tormozla'mah]
travão (m) de mão	dayanacaq tormozu	[dajana'dʒʲah 'tormozu]

embraiagem (f)	ilişmə	[iliʃ'mæ]
pedal (m) da embraiagem	ilişmə pedalı	[iliʃ'mæ pɛda'lı]
disco (m) de embraiagem	ilişmə diski	[iliʃ'mæ dis'ki]
amortecedor (m)	amortizator	[amorti'zator]

roda (f)	təkər	[tæ'kær]
pneu (m) sobresselente	ehtiyat təkəri	[ɛhti'jat tækæ'ri]
pneu (m)	şin	['ʃin]
tampão (m) de roda	qapaq	[ga'pah]

rodas (f pl) motrizes	aparıcı təkərlər	[aparı'dʒʲı tækær'lær]
de tração dianteira	qabaq ötürücü	[ga'bah øtyry'dʒy]
de tração traseira	arxa ötürücü	[ar'χa øtyry'dʒy]
de tração às 4 rodas	tam ötürücü	['tam øtyry'dʒy]

caixa (f) de mudanças	ötürücü qutusu	[øtyry'dʒy gutu'su]
automático	avtomat	[avto'mat]
mecânico	mexaniki	[mɛχani'ki]
alavanca (f) das mudanças	ötürücü qutusunun qolu	[øtyry'dʒy gutusu'nun go'lʲu]

| farol (m) | fara | ['fara] |
| faróis, luzes | faralar | ['faralar] |

médios (m pl)	faranın yaxın işığı	['faranın ja'χın iʃi'ɣı]
máximos (m pl)	faranın uzaq işığı	['faranın u'zah iʃi'ɣı]
luzes (f pl) de stop	stop-siqnal	['stop sig'nal]

mínimos (m pl)	qabarit işıqları	[gaba'rit iʃıgla'rı]
luzes (f pl) de emergência	qəza işıq siqnalı	[gæ'za i'ʃıh signa'lı]
faróis (m pl) antinevoeiro	dumana qarşı faralar	[duma'na gar'ʃı 'faralar]
pisca-pisca (m)	dönmə işığı	[døn'mæ iʃi'ɣı]
luz (f) de marcha atrás	arxaya hərəkət	[arχa'ja hæræ'kæt]

148. Carros. Habitáculo

interior (m) do carro	salon	[sa'lon]
de couro, de pele	dəri	[dæ'ri]
de veludo	velyur	[vɛ'lʲur]
estofos (m pl)	üz	['yz]

| indicador (m) | cihaz | [dʒi'haz] |
| painel (m) de instrumentos | cizaz lövhəciyi | [dʒi'haz løvhædʒi'jı] |

| velocímetro (m) | spidometr | [spi'domɛtr] |
| ponteiro (m) | ox işarəsi | ['oχ iʃaræ'si] |

conta-quilómetros (m)	sayğac	[saj'ɣadʒi]
sensor (m)	göstərici	[gøstɛri'dʒli]
nível (m)	səviyyə	[sævi'æ]
luz (f) avisadora	lampa	[lam'pa]

volante (m)	sükan	[sy'kan]
buzina (f)	siqnal	[sig'nal]
botão (m)	düymə	[dyj'mæ]
interruptor (m)	sürətləri dəyişən mexanizm	[syrætlæ'ri dæi'ʃæn mɛχa'nizm]

assento (m)	oturacaq	[otura'dʒiah]
costas (f pl) do assento	söykənecək	['søjkænæ'dʒiæk]
cabeceira (f)	başaltı	[baʃal'tɪ]
cinto (m) de segurança	təhlükəsizlik kəməri	[tæhlykæsiz'lik kæmæ'ri]
apertar o cinto	kəməri bağlamaq	[kæmæ'ri baɣla'mah]
regulação (f)	sazlama	[sazla'ma]

| airbag (m) | təhlükəsizlik yastığı | [tæhlykæsiz'lik jastɪ'ɣɪ] |
| ar (m) condicionado | kondisioner | [kondisio'nɛr] |

rádio (m)	radio	['radio]
leitor (m) de CD	CD səsləndiricisi	[si'di sæslændiridʒli'si]
ligar (vt)	qoşmaq	[goʃ'mah]
antena (f)	antenna	[an'tɛnna]
porta-luvas (m)	qutu	[gu'tu]
cinzeiro (m)	külqabı	['kylligabɪ]

149. Carros. Motor

motor (m)	mühərrik	[myhær'rik]
motor (m)	motor	[mo'tor]
diesel	dizel	['dizɛl]
a gasolina	benzin	[bɛn'zin]

cilindrada (f)	mühərriyin hecmi	[myhærri'jɪn hædʒi'mi]
potência (f)	güc	['gydʒi]
cavalo-vapor (m)	at gücü	['at gy'dʒy]
pistão (m)	porşen	['porʃɛn]
cilindro (m)	silindr	[si'lindr]
válvula (f)	qapaq	[ga'pah]

injetor (m)	injektor	[in'ʒɛktor]
gerador (m)	generator	[gɛnɛ'rator]
carburador (m)	karbyurator	[karby'rator]
óleo (m) para motor	motor yağı	[mo'tor ja'ɣɪ]

radiador (m)	radiator	[radi'ator]
refrigerante (m)	soyuducu maye	[sojudu'dʒy ma'jɛ]
ventilador (m)	ventilyator	[vɛnti'lliator]
bateria (f)	akkumulyator	[akkumu'lliator]

dispositivo (m) de arranque	starter düyməsi	['startɛr dyjmæ'si]
ignição (f)	yanma	[jan'ma]
vela (f) de ignição	yanma şamı	[jan'ma ʃa'mı]

borne (m)	klemma	['klɛmma]
borne (m) positivo	plyus	['plʲus]
borne (m) negativo	minus	['minus]
fusível (m)	qoruyucu	[goruy'dʒy]

filtro (m) de ar	hava filtri	[ha'va filt'ri]
filtro (m) de óleo	yağ filtri	['jaɣ filt'ri]
filtro (m) de combustível	yanacaq filtri	[jana'dʒʲah filt'ri]

150. Carros. Batidas. Reparação

acidente (m) de carro	qəza	[gæ'za]
acidente (m) rodoviário	yol qəzası	['jol gæza'sı]
ir contra ...	toqquşmaq	[tokkuʃ'mah]
sofrer um acidente	əzilmək	[æzil'mæk]
danos (m pl)	xarab etmə	[χa'rap ɛt'mæ]
intato	salamat	[sala'mat]

avariar (vi)	qırılmaq	[gırıl'mah]
cabo (m) de reboque	yedək ipi	[ɛ'dæk i'pi]

furo (m)	deşilmə	[dɛʃil'mæ]
estar furado	buraxmaq	[buraχ'mah]
encher (vt)	doldurmaq	[doldur'mah]
pressão (f)	təzyiq	[tæz'jıh]
verificar (vt)	yoxlamaq	[joχla'mah]

reparação (f)	təmir	[tæ'mir]
oficina (f)	təmir emalatxanası	[tæ'mir ɛmalatχana'sı]
de reparação de carros		
peça (f) sobresselente	ehtiyat hissəsi	[ɛhti'jat hissæ'si]
peça (f)	detal	[dɛ'tal]

parafuso (m)	bolt	['bolt]
parafuso (m)	vint	['vint]
porca (f)	qayka	[gaj'ka]
anilha (f)	şayba	['ʃajba]
rolamento (m)	podşipnik	[pod'ʃipnik]

tubo (m)	borucuq	[boru'dʒyh]
junta (f)	aralıq qat	[ara'lıh 'gat]
fio, cabo (m)	məftil	[mæf'til]

macaco (m)	domkrat	[domk'rat]
chave (f) de boca	qayka açarı	[gaj'ka atʃa'rı]
martelo (m)	çəkic	[ʧæ'kidʒʲ]
bomba (f)	nasos	[na'sos]
chave (f) de fendas	vintaçan	[vinta'ʧan]
extintor (m)	odsöndürən	[odsøndy'ræn]
triângulo (m) de emergência	Qəza üçbucağı nişanı	[gæ'za juʧbudʒʲa'χı niʃa'nı]

parar (vi) (motor)	yatmaq	[jat'mah]
paragem (f)	dayanma	[dajan'ma]
estar quebrado	qırılmaq	[gırıl'mah]

superaquecer-se (vr)	həddindən artıq qızmaq	[hæddin'dæn ar'tıh gız'mah]
entupir-se (vr)	yolu tutulmaq	[jo'l̷u tutul'mah]
congelar-se (vr)	donmaq	[don'mah]
rebentar (vi)	partlamaq	[partla'mah]

pressão (f)	təzyiq	[tæz'jıh]
nível (m)	səviyyə	[sævi'æ]
frouxo	zəif	[zæ'if]

mossa (f)	batıq	[ba'tıh]
ruído (m)	səs	['sæs]
fissura (f)	çat	['tʃat]
arranhão (m)	cızıq	[dʒ'ı'zıh]

151. Carros. Estrada

estrada (f)	yol	['jol]
autoestrada (f)	avtomobil magistralı	[avtomo'bil magistra'lı]
rodovia (f)	şose	[ʃo'sɛ]
direção (f)	istiqamət	[istiga'mæt]
distância (f)	məsafə	[mæsa'fæ]

ponte (f)	körpü	[kør'py]
parque (m) de estacionamento	park yeri	['park ɛ'ri]
praça (f)	meydan	[mɛj'dan]
nó (m) rodoviário	qovşaq	[gov'ʃah]
túnel (m)	tunel	[tu'nɛl]

posto (m) de gasolina	yanacaq doldurma məntəqəsi	[jana'dʒ'ah doldur'ma mæntægæ'si]
parque (m) de estacionamento	avtomobil duracağı	[avtomo'bil duradʒ'a'ɣı]
bomba (f) de gasolina	benzin kolonkası	[bɛn'zin kolonka'sı]
oficina (f) de reparação de carros	maşın təmiri	[ma'ʃın tæmi'ri]
abastecer (vt)	yanacaq doldurmaq	[jana'dʒ'ah doldur'mah]
combustível (m)	yanacaq	[jana'dʒ'ah]
bidão (m) de gasolina	kanistr	[ka'nistr]

asfalto (m)	asfalt	[as'falt]
marcação (f) de estradas	nişan vurma	[ni'ʃan vur'ma]
lancil (m)	haşiyə	[haʃi'jæ]
proteção (f) guard-rail	hasarlama	[hasarla'ma]
valeta (f)	küvet	[ky'vɛt]
berma (f) da estrada	yolun qırağı	[jo'l̷un gıra'ɣı]
poste (m) de luz	dirək	[di'ræk]

conduzir, guiar (vt)	sürmək	[syr'mæk]
virar (ex. ~ à direita)	döndərmək	[døndær'mæk]
dar retorno	dönmək	[døn'mæk]
marcha-atrás (f)	arxaya hərəkət	[arχa'ja hæræ'kæt]

buzinar (vi)	siqnal vermək	[sig'nal vɛr'mæk]
buzina (f)	səs siqnalı	['sæs signa'lı]
atolar-se (vr)	ilişib qalmaq	[ili'ʃip gal'mah]
patinar (na lama)	yerində fırlanmaq	[ɛrin'dæ fırlan'mah]
desligar (vt)	söndürmək	[søndyr'mæk]

velocidade (f)	sürət	[sy'ræt]
exceder a velocidade	sürəti aşmaq	[syræ'ti aʃ'mah]
multar (vt)	cərimə etmək	[dʒ'æri'mæ ɛt'mæk]
semáforo (m)	svetofor	[svɛto'for]
carta (f) de condução	sürücülük vəsiqəsi	[syrydʒy'lyk væsigæ'si]

passagem (f) de nível	keçid	[kɛ'tʃid]
cruzamento (m)	dörd yol ağzı	[dørd 'jol a'ɣzı]
passadeira (f)	piyadalar üçün keçid	[pijada'lar ju'tʃun kɛ'tʃid]
curva (f)	dönmə yeri	[døn'mæ ɛ'ri]
zona (f) pedonal	piyadalar zonası	[pijada'lar 'zonası]

PESSOAS. EVENTOS

Eventos

152. Férias. Evento

festa (f)	bayram	[baj'ram]
festa (f) nacional	milli bayram	[mil'li baj'ram]
feriado (m)	bayram günü	[baj'ram gy'ny]
festejar (vt)	bayram etmək	[baj'ram ɛt'mæk]
evento (festa, etc.)	hadisə	[hadi'sæ]
evento (banquete, etc.)	tədbir	[tæd'bir]
banquete (m)	banket	[ban'kɛt]
receção (f)	ziyafət	[zija'fæt]
festim (m)	böyük qonaqlıq	[bø'juk gonag'lıh]
aniversário (m)	ildönümü	[ildøny'my]
jubileu (m)	yubiley	[ybi'lɛj]
celebrar (vt)	qeyd etmək	['gɛjd æt'mæk]
Ano (m) Novo	Yeni il	[ɛ'ni 'il]
Feliz Ano Novo!	Yeni iliniz mübarək!	[ɛ'ni ili'niz myba'ræk]
Natal (m)	Milad	[mi'lad]
Feliz Natal!	Milad bayramınız şən keçsin!	[mi'lad bajramı'nız 'ʃæn kɛtʃ'sin]
árvore (f) de Natal	Yeni il yolkası	[ɛ'ni 'il jolka'sı]
fogo (m) de artifício	salam atəşi	[sa'lam atæ'ʃi]
boda (f)	toy	['toj]
noivo (m)	bəy	['bæj]
noiva (f)	nişanlı	[niʃan'lı]
convidar (vt)	dəvət etmək	[dæ'væt ɛt'mæk]
convite (m)	dəvətnamə	[dævætna'mæ]
convidado (m)	qonaq	[go'nah]
visitar (vt)	qonaq getmək	[go'nah gɛt'mæk]
receber os hóspedes	qonaq qarşılamaq	[go'nah garʃıla'mah]
presente (m)	hədiyyə	[hædi'æ]
oferecer (vt)	hədiyyə vermək	[hædi'æ vɛr'mæk]
receber presentes	hədiyyə almaq	[hædi'æ al'mah]
ramo (m) de flores	gül dəstəsi	['gylʲ dæstæ'si]
felicitações (f pl)	təbrik	[tæb'rik]
felicitar (dar os parabéns)	təbrik etmək	[tæb'rik ɛt'mæk]
cartão (m) de parabéns	təbrik açıqcası	[tæb'rik atʃıgtʃa'sı]

| enviar um postal | açıqça göndərmək | [atʃɪg'tʃa gøndær'mæk] |
| receber um postal | açıqça almaq | [atʃɪg'tʃa al'mah] |

brinde (m)	tost	['tost]
oferecer (vt)	qonaq etmək	[go'nah ɛt'mæk]
champanhe (m)	şampan şərabı	[ʃam'pan ʃæra'bɪ]

divertir-se (vr)	şənlənmək	[ʃænlæn'mæk]
diversão (f)	şənlik	[ʃæn'lik]
alegria (f)	sevinc	[sɛ'vindʒi]

| dança (f) | rəqs | ['rægs] |
| dançar (vi) | rəqs etmək | ['rægs ɛt'mæk] |

| valsa (f) | vals | ['vals] |
| tango (m) | tanqo | ['tango] |

153. Funerais. Enterro

cemitério (m)	qəbristanlıq	[gæbristan'lıh]
sepultura (f), túmulo (m)	qəbir	[gæ'bir]
lápide (f)	qəbir daşı	[gæ'bir da'ʃı]
cerca (f)	hasar	[ha'sar]
capela (f)	kiçik kilsə	[ki'tʃik kil'sæ]

morte (f)	ölüm	[ø'lym]
morrer (vi)	ölmək	[øl'mæk]
defunto (m)	ölü	[ø'ly]
luto (m)	matəm	[ma'tæm]

enterrar, sepultar (vt)	dəfn etmək	['dæfn ɛt'mæk]
agência (f) funerária	dəfn etmə bürosu	['dæfn ɛt'mæ byro'su]
funeral (m)	dəfn etmə mərasimi	['dæfn ɛt'mæ mærasi'mi]

coroa (f) de flores	əklil	[æk'lil]
caixão (m)	tabut	[ta'but]
carro (m) funerário	cənazə arabası	[dʒiæna'zæ araba'sı]
mortalha (f)	kəfən	[kæ'fæn]

| urna (f) funerária | urna | ['urna] |
| crematório (m) | meyit yandırılan bina | [mɛ'it jandırı'lan bi'na] |

obituário (m), necrologia (f)	nekroloq	[nɛkro'loh]
chorar (vi)	ağlamaq	[aɣla'mah]
soluçar (vi)	hönkür-hönkür ağlamaq	[hø'nkyr hø'nkyr aɣla'mah]

154. Guerra. Soldados

pelotão (m)	vzvod	['vzvod]
companhia (f)	rota	['rota]
regimento (m)	alay	[a'laj]
exército (m)	ordu	[or'du]

divisão (f)	diviziya	[di'vizija]
destacamento (m)	dəstə	[dæs'tæ]
hoste (f)	qoşun	[go'ʃun]
soldado (m)	əsgər	[æs'gær]
oficial (m)	zabit	[za'bit]
soldado (m) raso	sıravi	[sıra'vi]
sargento (m)	çavuş	[ʧa'vuʃ]
tenente (m)	leytenant	[lɛjtɛ'nant]
capitão (m)	kapitan	[kapi'tan]
major (m)	mayor	[ma'jor]
coronel (m)	polkovnik	[pol'kovnik]
general (m)	general	[gɛnɛ'ral]
marujo (m)	dənizçi	[dæniz'ʧi]
capitão (m)	kapitan	[kapi'tan]
contramestre (m)	bosman	['bosman]
artilheiro (m)	topçu	[top'ʧu]
soldado (m) paraquedista	desantçı	[dɛsan'ʧı]
piloto (m)	təyyarəçi	[tæjaræ'ʧi]
navegador (m)	şturman	['ʃturman]
mecânico (m)	mexanik	[mɛ'χanik]
sapador (m)	istehkamçı	[istɛhkam'ʧı]
paraquedista (m)	paraşütçü	[paraʃy'ʧy]
explorador (m)	kəşfiyyatçı	[kæʃfia'ʧı]
franco-atirador (m)	snayper	['snajpɛr]
patrulha (f)	patrul	[pat'rul]
patrulhar (vt)	patrul çəkmək	[pat'rul ʧæk'mæk]
sentinela (f)	keşikçi	[kɛʃik'ʧi]
guerreiro (m)	döyüşçü	[døyʃ'ʧu]
patriota (m)	vətənpərvər	[vætænpær'vær]
herói (m)	qəhrəman	[gæhræ'man]
heroína (f)	qəhrəman qadın	[gæhræ'man ga'dın]
traidor (m)	satqın	[sat'gın]
desertor (m)	fərari	[færa'ri]
desertar (vt)	fərarilik etmək	[færari'lik ɛt'mæk]
mercenário (m)	muzdla tutulan əsgər	['muzdla tutu'lan æs'gær]
recruta (m)	yeni əsgər	[ɛ'ni æs'gær]
voluntário (m)	könüllü	[kønyl'ly]
morto (m)	öldürülən	[øldyry'læn]
ferido (m)	yaralı	[jara'lı]
prisioneiro (m) de guerra	əsir	[æ'sir]

155. Guerra. Ações militares. Parte 1

guerra (f)	müharibə	[myhari'bæ]
guerrear (vt)	müharibə etmək	[myhari'bæ ɛt'mæk]

guerra (f) civil	vətəndaş müharibəsi	[vætæn'daʃ myharibæ'si]
perfidamente	xaincəsinə	[χa'indʒ¦æsinæ]
declaração (f) de guerra	elan edilmə	[ɛ'lan ɛdil'mæ]
declarar (vt) guerra	elan etmək	[ɛ'lan ɛt'mæk]
agressão (f)	təcavüz	[tædʒ¦a'vyz]
atacar (vt)	hücum etmək	[hy'dʒ¦um ɛt'mæk]

invadir (vt)	işğal etmək	[iʃ'ɣal ɛt'mæk]
invasor (m)	işğalçı	[iʃɣal'tʃɪ]
conquistador (m)	istilaçı	[istila'tʃɪ]

defesa (f)	müdafiyə	[mydafi'jæ]
defender (vt)	müdafiyə etmək	[mydafi'jæ ɛt'mæk]
defender-se (vr)	müdafiyə olunmaq	[mydafi'jæ olʲun'mah]

inimigo (m)	düşmən	[dyʃ'mæn]
adversário (m)	eleyhdar	[ælɛjh'dar]
inimigo	düşmən	[dyʃ'mæn]

estratégia (f)	strategiya	[stra'tɛgija]
tática (f)	taktika	['taktika]

ordem (f)	əmr	['æmr]
comando (m)	əmr	['æmr]
ordenar (vt)	əmr etmək	['æmr ɛt'mæk]
missão (f)	tapşırıq	[tapʃɪ'rɪh]
secreto	məxfi	[mæχ'fi]

batalha (f)	vuruşma	[vuruʃ'ma]
combate (m)	döyüş	[dø'juʃ]

ataque (m)	hücum	[hy'dʒ¦um]
assalto (m)	hücum	[hy'dʒ¦um]
assaltar (vt)	hücum etmək	[hy'dʒ¦um ɛt'mæk]
assédio, sítio (m)	mühasirə	[myhasi'ræ]

ofensiva (f)	hücum	[hy'dʒ¦um]
passar à ofensiva	hücum etmək	[hy'dʒ¦um ɛt'mæk]

retirada (f)	geri çəkilmə	[gɛ'ri tʃækil'mæ]
retirar-se (vr)	geri çəkilmək	[gɛ'ri tʃækil'mæk]

cerco (m)	mühasirə	[myhasi'ræ]
cercar (vt)	mühasirəyə almaq	[myhasiræ'jæ al'mah]

bombardeio (m)	bombalama	[bombala'ma]
lançar uma bomba	bomba atmaq	[bom'ba at'mah]
bombardear (vt)	bombalamaq	[bombala'mah]
explosão (f)	partlayış	[partla'jɪʃ]

tiro (m)	atəş	[a'tæʃ]
disparar um tiro	güllə atmaq	[gyl'læ at'mah]
tiroteio (m)	atəş	[a'tæʃ]

apontar para ...	nişan almaq	[ni'ʃan al'mah]
apontar (vt)	tuşlamaq	[tuʃla'mah]

acertar (vt)	sərrast vurmaq	[sær'rast vur'mah]
afundar (um navio)	batırmaq	[batır'mah]
brecha (f)	deşik	[dɛ'ʃik]
afundar-se (vr)	batmaq	[bat'mah]

frente (m)	cəbhə	[dʒ'æb'hæ]
evacuação (f)	təxliyə	[tæχli'jæ]
evacuar (vt)	təxliyə etmək	[tæχli'jæ ɛt'mæk]

trincheira (f)	səngər	[sæ'ngær]
arame (m) farpado	tikanlı məftil	[tik'an'lı mæf'til]
obstáculo (m) anticarro	çəpərləmə	[ʧæpærlæ'mæ]
torre (f) de vigia	qüllə	[gyl'læ]

hospital (m)	hospital	['hospital]
ferir (vt)	yaralamaq	[jarala'mah]
ferida (f)	yara	[ja'ra]
ferido (m)	yaralı	[jara'lı]
ficar ferido	yara almaq	[ja'ra al'mah]
grave (ferida ~)	ağır	[a'ɣır]

156. Armas

arma (f)	silah	[si'lah]
arma (f) de fogo	odlu silah	[od'lʲu si'lah]
arma (f) branca	soyuq silah	[so'juh si'lah]

arma (f) química	kimyəvi silah	[kimjæ'vi si'lah]
nuoloar	niivə	[ny'væ]
arma (f) nuclear	nüvə silahı	[ny'væ sila'hı]

| bomba (f) | bomba | [bom'ba] |
| bomba (f) atómica | atom bombası | ['atom bomba'sı] |

pistola (f)	tapança	[tapan'ʧa]
caçadeira (f)	tüfəng	[ty'fænh]
pistola-metralhadora (f)	avtomat	[avto'mat]
metralhadora (f)	pulemyot	[pulɛ'mʲot]

boca (f)	ağız	[a'ɣız]
cano (m)	lülə	[lʲy'læ]
calibre (m)	kalibr	[ka'libr]

gatilho (m)	çaxmaq	[ʧaχ'mah]
mira (f)	nişangah	[niʃan'gʲah]
carregador (m)	sandıq	[san'dıh]
coronha (f)	qundaq	[gun'dah]

| granada (f) de mão | qumbara | [gumba'ra] |
| explosivo (m) | partlayıcı maddə | [partlajı'dʒʲı mad'dæ] |

bala (f)	güllə	[gyl'læ]
cartucho (m)	patron	[pat'ron]
carga (f)	güllə	[gyl'læ]

munições (f pl)	döyüş sursatı	[dø'juʃ sursa'tı]
bombardeiro (m)	bombardmançı təyyarə	[bombardman'tʃı tæja'ræ]
avião (m) de caça	qırıcı təyyarə	[gırı'dʒ^jı tæja'ræ]
helicóptero (m)	vertolyot	[vɛrto'lʲot]

canhão (m) antiaéreo	zenit topu	[zɛ'nit to'pu]
tanque (m)	tank	['tank]
canhão (de um tanque)	top	['top]

| artilharia (f) | top | ['top] |
| fazer a pontaria | tuşlamaq | [tuʃla'mah] |

obus (m)	mərmi	[mær'mi]
granada (f) de morteiro	mina	['mina]
morteiro (m)	minaatan	['minaatan]
estilhaço (m)	qəlpə	[gæl'pæ]

submarino (m)	sualtı qayıq	[sual'tı ga'jıh]
torpedo (m)	torpeda	[tor'pɛda]
míssil (m)	raket	[ra'kɛt]

carregar (uma arma)	doldurmaq	[doldur'mah]
atirar, disparar (vi)	ateş açmaq	[a'tæʃ atʃ'mah]
apontar para …	nişan almaq	[ni'ʃan al'mah]
baioneta (f)	süngü	[sy'ngy]

espada (f)	qılınc	[gı'lındʒ^j]
sabre (m)	qılınc	[gı'lındʒ^j]
lança (f)	nizə	[ni'zæ]
arco (m)	yay	['jaj]
flecha (f)	ox	['oχ]
mosquete (m)	muşket	[muʃ'kɛt]
besta (f)	arbalet	[arba'lɛt]

157. Povos da antiguidade

primitivo	ibtidai	[iptida'i]
pré-histórico	tarixdən əvvəlki	[tariχ'dæn ævvæl'ki]
antigo	qədim	[gæ'dim]

Idade (f) da Pedra	Daş dövrü	['daʃ døv'ry]
Idade (f) do Bronze	Tunc dövrü	['tundʒ^j døv'ry]
período (m) glacial	buz dövrü	['buz døv'ry]

tribo (f)	tayfa	[taj'fa]
canibal (m)	adamyeyən	[adamjɛ'jæn]
caçador (m)	ovçu	[ov'tʃu]
caçar (vi)	ova çıxmaq	[o'va tʃıχ'mah]
mamute (m)	mamont	['mamont]

caverna (f)	mağara	[maɣa'ra]
fogo (m)	od	['od]
fogueira (f)	tonqal	[ton'gal]
pintura (f) rupestre	qayaüstü rəsmlər	[gajays'ty ræsm'lær]

ferramenta (f)	iş aləti	['iʃ alæ'ti]
lança (f)	nizə	[ni'zæ]
machado (m) de pedra	daş baltası	['daʃ balta'sı]
guerrear (vt)	müharibə etmək	[myhari'bæ ɛt'mæk]
domesticar (vt)	əhliləşdirmək	[æhlilæʃdir'mæk]

ídolo (m)	büt	['byt]
adorar, venerar (vt)	pərəstiş etmək	[pæræs'tiʃ ɛt'mæk]
superstição (f)	xurafat	[χura'fat]

evolução (f)	təkamül	[tæka'myl]
desenvolvimento (m)	inkişaf	[inki'ʃaf]
desaparecimento (m)	yox olma	['joχ ol'ma]
adaptar-se (vr)	uyğunlaşmaq	[ujɣunlaʃ'mah]

arqueologia (f)	arxeoloqiya	[arχɛo'logija]
arqueólogo (m)	arxeoloq	[arχɛ'oloh]
arqueológico	arxeoloji	[arχɛolo'ʒi]

local (m) das escavações	qazıntı	[gazın'tı]
escavações (f pl)	qazıntılar	[gazıntı'lar]
achado (m)	tapıntı	[tapın'tı]
fragmento (m)	parça	[par'tʃa]

158. Idade média

povo (m)	xalq	['χalh]
povos (m pl)	xalqlar	[χalg'lar]
tribo (f)	tayfa	[taj'fa]
tribos (f pl)	tayfalar	[tajfa'lar]

bárbaros (m pl)	barbarlar	[barbar'lar]
gauleses (m pl)	qallar	[gal'lar]
godos (m pl)	qotlar	[got'lar]
eslavos (m pl)	slavyanlar	[slavʲan'lar]
víquingues (m pl)	vikinqlər	['vikinglær]

| romanos (m pl) | romalılar | ['romalılar] |
| romano | Roma | ['roma] |

bizantinos (m pl)	bizanslılar	[bizanslı'lar]
Bizâncio	Bizans	[bi'zans]
bizantino	Bizans	[bi'zans]

imperador (m)	imperator	[impɛ'rator]
líder (m)	rəhbər	[ræh'bær]
poderoso	qüdrətli	[gydræt'li]
rei (m)	kral	['kral]
governante (m)	hökmdar	[høkm'dar]

cavaleiro (m)	rıtsar	['rıtsar]
senhor feudal (m)	mülkədar	[mylʲkæ'dar]
feudal	mülkədar	[mylʲkæ'dar]
vassalo (m)	vassal	[vas'sal]

duque (m)	hersoq	['hɛrsoh]
conde (m)	qraf	['graf]
barão (m)	baron	[ba'ron]
bispo (m)	yepiskop	[ɛ'piskop]

armadura (f)	yaraq-əsləhə	[ja'rah æslæ'hæ]
escudo (m)	qalxan	[gal'χan]
espada (f)	qılınc	[gı'lındʒʲ]
viseira (f)	dəbilqə üzlüyü	[dæbil'gæ juzlyʲju]
cota (f) de malha	dəmir geyim	[dæ'mir gɛ'jım]

| cruzada (f) | xaç yürüşü | ['χatʃ jury'ʃy] |
| cruzado (m) | əhl-səlib | ['æhl sæ'lip] |

território (m)	ərazi	[æra'zi]
atacar (vt)	hücum etmək	[hy'dʒʲum ɛt'mæk]
conquistar (vt)	istila etmək	[isti'la ɛt'mæk]
ocupar, invadir (vt)	işğal etmək	[iʃ'ɣal ɛt'mæk]

assédio, sítio (m)	mühasirə	[myhasi'ræ]
sitiado	mühasirə olunmuş	[myhasi'ræ olʲun'muʃ]
assediar, sitiar (vt)	mühasirə etmək	[myhasi'ræ ɛt'mæk]

inquisição (f)	inkvizisiya	[inkvi'zisija]
inquisidor (m)	inkvizitor	[inkvi'zitor]
tortura (f)	işgəncə	[iʃgæn'dʒʲæ]
cruel	qəddar	[gæd'dar]
herege (m)	kafir	[ka'fir]
heresia (f)	küfr	['kyfr]

navegação (f) marítima	gəmiçilik	[gæmitʃi'lik]
pirata (m)	dəniz qulduru	[dæ'niz guldu'ru]
pirataria (f)	dəniz quldurluğu	[dæ'niz guldurlʲu'ɣu]
abordagem (f)	abordaj	[abor'daʒ]
presa (f), butim (m)	qənimət	[gæni'mæt]
tesouros (m pl)	xəzinə	[χæzi'næ]

descobrimento (m)	kəşf etmə	['kæʃf ɛt'mæ]
descobrir (novas terras)	kəşf etmək	['kæʃf ɛt'mæk]
expedição (f)	ekspedisiya	[ɛkspɛ'disija]

mosqueteiro (m)	muşketyor	[muʃkɛ'tʲor]
cardeal (m)	kardinal	[kardi'nal]
heráldica (f)	heraldika	[hɛ'raldika]
heráldico	heraldik	[hɛral'dik]

159. Líder. Chefe. Autoridades

rei (m)	kral	['kral]
rainha (f)	kraliçə	[kra'litʃæ]
real	kral	['kral]
reino (m)	krallıq	[kral'lıh]
príncipe (m)	şahzadə	[ʃahza'dæ]
princesa (f)	şahzadə xanım	[ʃahza'dæ χa'nım]

presidente (m)	prezident	[prɛzi'dɛnt]
vice-presidente (m)	vitse-prezident	['vitsɛ prɛzi'dɛnt]
senador (m)	senator	[sɛ'nator]

monarca (m)	padşah	[pad'ʃah]
governante (m)	hökmdar	[høkm'dar]
ditador (m)	diktator	[dik'tator]
tirano (m)	zülmkar	[zylʲm'kar]
magnata (m)	maqnat	[mag'nat]

diretor (m)	direktor	[di'rɛktor]
chefe (m)	rəis	[ræ'is]
dirigente (m)	idarə başçısı	[ida'ræ baʃʧı'sı]
patrão (m)	boss	['boss]
dono (m)	sahib	[sa'hip]

chefe (~ de delegação)	başçı	[baʃ'ʧı]
autoridades (f pl)	hakimiyyət	[hakimi'æt]
superiores (m pl)	rəhbərlik	[ræhbær'lik]

governador (m)	qubernator	[gubɛr'nator]
cônsul (m)	konsul	['konsul]
diplomata (m)	diplomat	[diplo'mat]
Presidente (m) da Câmara	şəhər icra hakimiyyətinin başçısı	[ʃæ'hær iʤ'ra hakimiæti'nin baʃʧı'sı]
xerife (m)	şerif	[ʃɛ'rif]

imperador (m)	imperator	[impɛ'rator]
czar (m)	çar	['ʧar]
faraó (m)	firon	[fi'ron]
oã (m)	xan	['χan]

160. Viloação da lei. Criminosos. Parte 1

bandido (m)	quldur	[gul'dur]
crime (m)	cinayət	[ʤⁱina'jæt]
criminoso (m)	cinayətkar	[ʤⁱinajæt'kar]

ladrão (m)	oğru	[o'ɣru]
roubar (vt)	oğurlamaq	[oɣurla'mah]
furto, roubo (m)	oğurluq	[oɣur'lʲuh]

raptar (ex. ~ uma criança)	qaçırtmaq	[gaʧırt'mah]
rapto (m)	qaçırtma	[gaʧırt'ma]
raptor (m)	adam oğrusu	[a'dam oɣru'su]

| resgate (m) | fidiyə | [fidi'ja] |
| pedir resgate | fidiyə tələb etmək | [fidi'ja tæ'læp ɛt'mæk] |

| roubar (vt) | adam soymaq | [a'dam soj'mah] |
| assaltante (m) | soyğunçu | [sojɣun'ʧu] |

| extorquir (vt) | zorla pul qoparmaq | ['zorla 'pul gopar'mah] |
| extorsionário (m) | zorla pul qoparan | ['zorla 'pul gopa'ran] |

147

extorsão (f)	zorla pul qoparma	['zorla 'pul gopar'ma]
matar, assassinar (vt)	öldürmək	[øldyr'mæk]
homicídio (m)	qətl	['gætl]
homicida, assassino (m)	qatil	[ga'til]

tiro (m)	atəş	[a'tæʃ]
dar um tiro	güllə atmaq	[gyl'læ at'mah]
matar a tiro	güllə ilə vurmaq	[gyl'læ i'læ vur'mah]
atirar, disparar (vi)	atəş açmaq	[a'tæʃ atʃ'mah]
tiroteio (m)	atəş	[a'tæʃ]

incidente (m)	hadisə	[hadi'sæ]
briga (~ de rua)	dava-dalaş	[da'va da'laʃ]
vítima (f)	qurban	[gur'ban]

danificar (vt)	xarab etmək	[ҳa'rap ɛt'mæk]
dano (m)	ziyan	[zi'jan]
cadáver (m)	meyit	[mɛ'it]
grave	ağır	[a'ɣır]

atacar (vt)	hücum etmək	[hy'ʤʲum ɛt'mæk]
bater (espancar)	vurmaq	[vur'mah]
espancar (vt)	döymək	[døj'mæk]
tirar, roubar (dinheiro)	əlindən almaq	[ælin'dæn al'mah]
esfaquear (vt)	bıçaqlamaq	[bıtʃagla'mah]
mutilar (vt)	şikəst etmək	[ʃi'kæst ɛt'mæk]
ferir (vt)	yaralamaq	[jarala'mah]

chantagem (f)	şantaj	[ʃan'taʒ]
chantagear (vt)	şantaj etmək	[ʃan'taʒ ɛt'mæk]
chantagista (m)	şantajçı	[ʃantaʒ'tʃı]

extorsão	reket	['rɛkɛt]
(em troca de proteção)		
extorsionário (m)	reketçi	['rɛkɛtʃi]
gângster (m)	qanqster	['gangstɛr]
máfia (f)	mafiya	['mafija]

carteirista (m)	cibgir	[ʤʲib'gir]
assaltante, ladrão (m)	ev yaran	['ɛv ja'ran]
contrabando (m)	qaçaqçılıq	[gatʃagtʃı'lıh]
contrabandista (m)	qaçaqçı	[gatʃag'tʃı]

falsificação (f)	saxtalaşdırma	[saҳtalaʃdır'ma]
falsificar (vt)	saxtalaşdırmaq	[saҳtalaʃdır'mah]
falsificado	saxta	[saҳ'ta]

161. Viloação da lei. Criminosos. Parte 2

violação (f)	zorlama	[zorla'ma]
violar (vt)	zorlamaq	[zorla'mah]
violador (m)	qadın zorlayan	[ga'dın zorla'jan]
maníaco (m)	manyak	[ma'njak]
prostituta (f)	fahişə	[fahi'ʃæ]

| prostituição (f) | fahişəlik | [fahiʃæ'lik] |
| chulo (m) | qadın alverçisi | [ga'dın alvɛrtʃi'si] |

| toxicodependente (m) | narkoman | [narko'man] |
| traficante (m) | narkotik alverçisi | [narko'tik alvɛrtʃi'si] |

| explodir (vt) | partlatmaq | [partlat'mah] |
| explosão (f) | partlayış | [partla'jıʃ] |

| incendiar (vt) | yandırmaq | [jandır'mah] |
| incendiário (m) | qəsdən yandıran | ['gæsdæn jandı'ran] |

terrorismo (m)	terrorizm	[tɛrro'rizm]
terrorista (m)	terrorçu	[tɛrror'tʃu]
refém (m)	girov götürulən adam	[gi'rov gøtyry'læn a'dam]

enganar (vt)	yalan satmaq	[ja'lan sat'mah]
engano (m)	yalan	[ja'lan]
vigarista (m)	fırıldaqçı	[fırıldag'tʃı]

subornar (vt)	pulla ələ almaq	['pulla æ'læ al'mah]
suborno (atividade)	pulla ələ alma	['pulla æ'læ al'ma]
suborno (dinheiro)	rüşvət	[ryʃ'væt]

veneno (m)	zəhər	[zæ'hær]
envenenar (vt)	zəhərləmək	[zæhærlæ'mæk]
envenenar-se (vr)	özünü zəhərləmək	[øzy'ny zæhærlæ'mæk]

| suicídio (m) | intihar | [inti'har] |
| suicida (m) | intihar edən adam | [inti'har ɛ'dæn a'dam] |

| ameaçar (vt) | hədələmək | [hædælæ'mæk] |
| ameaça (f) | hədə | [hæ'dæ] |

| atentar contra a vida de ... | birinin canına qəsd etmək | [biri'nin dʒ'anı'na 'gæsd ɛt'mæk] |
| atentado (m) | qəsd etmə | ['gæsd ɛt'mæ] |

| roubar (o carro) | qaçırmaq | [gatʃır'mah] |
| desviar (o avião) | qaçırmaq | [gatʃır'mah] |

| vingança (f) | intiqam | [inti'gam] |
| vingar (vt) | intiqam almaq | [inti'gam al'mah] |

torturar (vt)	işgəncə vermək	[iʃgæn'dʒ'æ vɛr'mæk]
tortura (f)	işgəncə	[iʃgæn'dʒ'æ]
atormentar (vt)	əzab vermək	[æ'zab vɛr'mæk]

| pirata (m) | dəniz qulduru | [dæ'niz guldu'ru] |
| desordeiro (m) | xuliqan | [χuli'gan] |

| armado | silahlı | [silah'lı] |
| violência (f) | zorakılıq | [zorakı'lıh] |

| espionagem (f) | casusluq | [dʒ'asus'ɫuh] |
| espionar (vi) | casusluq etmək | [dʒ'asus'ɫuh ɛt'mæk] |

162. Polícia. Lei. Parte 1

| justiça (f) | ədalət | [æda'læt] |
| tribunal (m) | məhkəmə | [mæhkæ'mæ] |

juiz (m)	hakim	[ha'kim]
jurados (m pl)	prisyajnı içlasçıları	[pri'sʲaʒnı idʒʲlastʃıla'rı]
tribunal (m) do júri	prisyajnılar məhkəməsi	[pri'sʲaʒnılar mæhkæmæ'si]
julgar (vt)	mühakimə etmək	[myhaki'mæ ɛt'mæk]

advogado (m)	vəkil	[væ'kil]
réu (m)	müqəssir	[mygæs'sir]
banco (m) dos réus	müqəssirlər kürsüsü	[mygæssir'lær kyrsy'sy]

| acusação (f) | ittiham | [itti'ham] |
| acusado (m) | müttəhim | [myttæ'him] |

| sentença (f) | hökm | ['høkm] |
| sentenciar (vt) | məhkum etmək | [mæh'kum ɛt'mæk] |

culpado (m)	təqsirkar	[tægsir'kar]
punir (vt)	cəzalandırmaq	[dʒʲæzalandır'mah]
punição (f)	cəza	[dʒʲæ'za]

multa (f)	cərimə	[dʒʲæri'mæ]
prisão (f) perpétua	ömürlük həbs cəzası	[ømyr'lyk 'hæbs dʒʲæza'sı]
pena (f) de morte	ölüm cəzası	[ø'lym dʒʲæza'sı]
cadeira (f) elétrica	elektrik stul	[ɛlɛkt'rik 'stul]
forca (f)	dar ağacı	['dar aɣa'dʒʲı]

| executar (vt) | edam etmək | [ɛ'dam ɛt'mæk] |
| execução (f) | edam | [ɛ'dam] |

| prisão (f) | həbsxana | [hæbsχa'na] |
| cela (f) de prisão | kamera | ['kamɛra] |

escolta (f)	mühafizə dəstəsi	[myhafi'zæ dæstæ'si]
guarda (m) prisional	gözətçi	[gøzæ'tʃi]
preso (m)	dustaq	[dus'tah]

| algemas (f pl) | əl qandalları | ['æl gandalla'rı] |
| algemar (vt) | əl qandalları vurmaq | ['æl gandalla'rı vur'mah] |

fuga, evasão (f)	qaçış	[ga'tʃıʃ]
fugir (vi)	qaçmaq	[gatʃ'mah]
desaparecer (vi)	yox olmaq	['joχ ol'mah]
soltar, libertar (vt)	azad etmək	[a'zad ɛt'mæk]
amnistia (f)	əhf	['æhf]

polícia (instituição)	polis	[po'lis]
polícia (m)	polis	[po'lis]
esquadra (f) de polícia	polis idarəsi	[po'lis idaræ'si]
cassetete (m)	rezin dəyənək	[rɛ'zin dæjæ'næk]
megafone (m)	rupor	['rupor]
carro (m) de patrulha	patrul maşını	[pat'rul maʃı'nı]

sirene (f)	sirena	[si'rɛna]
ligar a sirene	sirenanı qoşmaq	[si'rɛnanı goʃ'mah]
toque (m) da sirene	sirena səsi	[si'rɛna sæ'si]

cena (f) do crime	hadisə yeri	[hadi'sæ ɛ'ri]
testemunha (f)	şahid	[ʃa'hid]
liberdade (f)	azadlıq	[azad'lıh]
cúmplice (m)	cinayət ortağı	[dʒina'jæt orta'ɣı]
escapar (vi)	gözdən itmək	[gøz'dæn it'mæk]
traço (não deixar ~s)	iz	['iz]

163. Polícia. Lei. Parte 2

procura (f)	axtarış	[axta'rıʃ]
procurar (vt)	axtarmaq	[axtar'mah]
suspeita (f)	şübhə	[ʃyb'hæ]
suspeito	şübhəli	[ʃybhæ'li]
parar (vt)	dayandırmaq	[dajandır'mah]
deter (vt)	saxlamaq	[saxla'mah]

caso (criminal)	iş	['iʃ]
investigação (f)	istintaq	[istin'tah]
detetive (m)	detektiv	[dɛtɛk'tiv]
investigador (m)	müstəntiq	[mystæn'tih]
versão (f)	versiya	['vɛrsija]

motivo (m)	əsas	[æ'sas]
interrogatório (m)	dindirilmə	[dindiril'mæ]
interrogar (vt)	dindirmək	[dindir'mæk]
questionar (vt)	sorğulamaq	[sorɣula'mah]
verificação (f)	yoxlama	[joxla'ma]

batida (f) policial	basqın	[bas'gın]
busca (f)	axtarış	[axta'rıʃ]
perseguição (f)	təqib etmə	[tæ'gip ɛt'mæ]
perseguir (vt)	təqib etmək	[tæ'gip ɛt'mæk]
seguir (vt)	izləmək	[izlæ'mæk]

prisão (f)	həbs	['hæbs]
prender (vt)	həbs etmək	['hæbs ɛt'mæk]
pegar, capturar (vt)	tutmaq	[tut'mah]
captura (f)	tutma	[tut'ma]

documento (m)	sənəd	[sæ'næd]
prova (f)	sübut	[sy'but]
provar (vt)	sübut etmək	[sy'but ɛt'mæk]
pegada (f)	iz	['iz]
impressões (f pl) digitais	barmaq izləri	[bar'mah izlæ'ri]
prova (f)	dəlil	[dæ'lil]

álibi (m)	alibi	['alibi]
inocente	günahsız	[gynah'sız]
injustiça (f)	ədalətsizlik	[ædalætsiz'lik]
injusto	ədalətsiz	[ædalæ'tsiz]

criminal	kriminal	[krimi'nal]
confiscar (vt)	müsadirə etmək	[mysadi'ræ ɛt'mæk]
droga (f)	narkotik maddə	[narko'tik mad'dæ]
arma (f)	silah	[si'lah]
desarmar (vt)	tərksilah etmək	[tærksi'lah ɛt'mæk]
ordenar (vt)	əmr etmək	['æmr ɛt'mæk]
desaparecer (vi)	yox olmaq	['joχ ol'mah]
lei (f)	qanun	[ga'nun]
legal	qanuni	[ganu'ni]
ilegal	qanunsuz	[ganun'suz]
responsabilidade (f)	məsuliyyət	[mæsuli'æt]
responsável	məsul	[mæ'sul]

NATUREZA

A Terra. Parte 1

164. Espaço sideral

cosmos (m)	kosmos	['kosmos]
cósmico	kosmik	[kos'mik]
espaço (m) cósmico	kosmik fəza	[kos'mik fæ'za]
mundo (m)	dünya	[dy'nja]
universo (m)	kainat	[kai'nat]
galáxia (f)	qalaktika	[ga'laktika]
estrela (f)	ulduz	[ul'duz]
constelação (f)	bürc	['byrdʒ']
planeta (m)	planet	[pla'nɛt]
satélite (m)	peyk	['pɛjk]
meteorito (m)	meteorit	[mɛtɛo'rit]
cometa (m)	kometa	[ko'mɛta]
asteroide (m)	asteroid	[astɛ'roid]
órbita (f)	orbita	[or'bita]
girar (vi)	fırlanmaq	[fɪrlan'mah]
atmosfera (f)	atmosfer	[atmos'fɛr]
Sol (m)	Günəş	[gy'næʃ]
Sistema (m) Solar	Günəş sistemi	[gy'næʃ sistɛ'mi]
eclipse (m) solar	günəşin tutulması	[gynæ'ʃin tutulma'sı]
Terra (f)	Yer	['ɛr]
Lua (f)	Ay	['aj]
Marte (m)	Mars	['mars]
Vénus (f)	Venera	[vɛ'nɛra]
Júpiter (m)	Yupiter	[ju'pitɛr]
Saturno (m)	Saturn	[sa'turn]
Mercúrio (m)	Merkuri	[mɛr'kurij]
Urano (m)	Uran	[u'ran]
Neptuno (m)	Neptun	[nɛp'tun]
Plutão (m)	Pluton	[plʲu'ton]
Via Láctea (f)	Ağ Yol	['aɣ 'jol]
Ursa Maior (f)	Böyük ayı bürcü	[bø'juk a'jı byr'dʒy]
Estrela Polar (f)	Qütb ulduzu	['gytp uldu'zu]
marciano (m)	marslı	[mars'lı]
extraterrestre (m)	başqa planetdən gələn	[baʃ'ga planɛt'dæn gæ'læn]

| alienígena (m) | gəlmə | [gæl'mæ] |
| disco (m) voador | uçan boşqab | [u'tʃan boʃ'gap] |

nave (f) espacial	kosmik gəmi	[kos'mik gæ'mi]
estação (f) orbital	orbital stansiya	[orbi'tal 'stansija]
lançamento (m)	start	['start]

motor (m)	mühərrik	[myhær'rik]
bocal (m)	ucluq	[udʒ'lʲuh]
combustível (m)	yanacaq	[jana'dʒʲah]

cabine (f)	kabina	[ka'bina]
antena (f)	antenna	[an'tɛnna]
vigia (f)	illüminator	[illymi'nator]
bateria (f) solar	günəş batareyası	[gy'næʃ bata'rɛjası]
traje (m) espacial	skafandr	[ska'fandr]

| imponderabilidade (f) | çəkisizlik | [tʃækisiz'lik] |
| oxigénio (m) | oksigen | [oksi'gɛn] |

| acoplagem (f) | uc-uca calama | ['udʒʲ u'dʒʲa dʒʲala'ma] |
| fazer uma acoplagem | uc-uca calamaq | ['udʒʲ u'dʒʲa dʒʲala'mah] |

observatório (m)	observatoriya	[obsɛrva'torija]
telescópio (m)	teleskop	[tɛlɛs'kop]
observar (vt)	müşaidə etmək	[myʃai'dæ ɛt'mæk]
explorar (vt)	araşdırmaq	[araʃdır'mah]

165. A Terra

Terra (f)	Yer	['ɛr]
globo terrestre (Terra)	yer kürəsi	['ɛr kyræ'si]
planeta (m)	planet	[pla'nɛt]

atmosfera (f)	atmosfer	[atmos'fɛr]
geografia (f)	coğrafiya	[dʒʲo'ɣrafija]
natureza (f)	təbiət	[tæbi'æt]

globo (mapa esférico)	qlobus	['globus]
mapa (m)	xəritə	[χæri'tæ]
atlas (m)	atlas	['atlas]

| Europa (f) | Avropa | [av'ropa] |
| Ásia (f) | Asiya | ['asija] |

| África (f) | Afrika | ['afrika] |
| Austrália (f) | Avstraliya | [av'stralija] |

América (f)	Amerika	[a'mɛrika]
América (f) do Norte	Şimali Amerika	[ʃima'li a'mɛrika]
América (f) do Sul	Cənubi Amerika	[dʒʲænu'bi a'mɛrika]

| Antártida (f) | Antarktida | [antark'tida] |
| Ártico (m) | Arktika | ['arktika] |

166. Pontos cardeais

norte (m)	şimal	[ʃi'mal]
para norte	şimala	[ʃima'la]
no norte	şimalda	[ʃimal'da]
do norte	şimali	[ʃima'li]
sul (m)	cənub	[dʒˈæ'nup]
para sul	cənuba	[dʒˈænu'ba]
no sul	cənubda	[dʒˈænub'da]
do sul	cənubi	[dʒˈænu'bi]
oeste, ocidente (m)	qərb	['gærp]
para oeste	qərbə	[gær'bæ]
no oeste	qərbdə	[gærb'dæ]
ocidental	qərb	['gærp]
leste, oriente (m)	şərq	['ʃærh]
para leste	şərqə	[ʃær'gæ]
no leste	şərqdə	[ʃærg'dæ]
oriental	şərq	['ʃærh]

167. Mar. Oceano

mar (m)	dəniz	[dæ'niz]
oceano (m)	okean	[okɛ'an]
golfo (m)	körfəz	[kør'fæz]
estreito (m)	boğaz	[bo'gaz]
terra (f) firme	quru	[gu'ru]
continente (m)	materik	[matɛ'rik]
ilha (f)	ada	[a'da]
península (f)	yarımada	[jarıma'da]
arquipélago (m)	arxipelaq	[arχipɛ'lah]
baía (f)	buxta	['buχta]
porto (m)	liman	[li'man]
lagoa (f)	laquna	[la'guna]
cabo (m)	burun	[bu'run]
atol (m)	mərcan adası	[mær'dʒˈan ada'sı]
recife (m)	rif	['rif]
coral (m)	mərcan	[mær'dʒˈan]
recife (m) de coral	mərcan rifi	[mær'dʒˈan ri'fi]
profundo	dərin	[dæ'rin]
profundidade (f)	dərinlik	[dærin'lik]
abismo (m)	dərinlik	[dærin'lik]
fossa (f) oceânica	çuxur	[ʧu'χur]
corrente (f)	axın	[a'χın]
banhar (vt)	əhatə etmək	[æha'tæ ɛt'mæk]
litoral (m)	sahil	[sa'hil]

costa (f)	sahilboyu	[sahilbo'ju]
maré (f) alta	yüksəlmə	[jyksæl'mæ]
refluxo (m), maré (f) baixa	çəkilmə	[ʧækil'mæ]
restinga (f)	dayaz yer	[da'jaz 'ɛr]
fundo (m)	dib	['dip]
onda (f)	dalğa	[dal'ɣa]
crista (f) da onda	ləpə beli	[læ'pæ bɛ'li]
espuma (f)	köpük	[kø'pyk]
tempestade (f)	fırtına	[fɪrtɪ'na]
furacão (m)	qasırğa	[gasɪr'ɣa]
tsunami (m)	tsunami	[ʦu'nami]
calmaria (f)	tam sakitlik	['tam sakit'lik]
calmo	sakit	[sa'kit]
polo (m)	polyus	['polʲus]
polar	qütbi	[gyt'bi]
latitude (f)	en dairəsi	['ɛn dairæ'si]
longitude (f)	uzunluq dairəsi	[uzun'lʲuh dairæ'si]
paralela (f)	paralel	[para'lɛl]
equador (m)	ekvator	[ɛk'vator]
céu (m)	səma	[sæ'ma]
horizonte (m)	üfüq	[y'fyh]
ar (m)	hava	[ha'va]
farol (m)	mayak	[ma'jak]
mergulhar (vi)	dalmaq	[dal'mah]
afundar-se (vr)	batmaq	[bat'mah]
tesouros (m pl)	xəzinə	[χæzi'næ]

168. Montanhas

montanha (f)	dağ	['daɣ]
cordilheira (f)	dağ silsiləsi	['daɣ silsilæ'si]
serra (f)	sıra dağlar	[sɪ'ra da'ɣlar]
cume (m)	baş	['baʃ]
pico (m)	zirvə	[zir'væ]
sopé (m)	ətək	[æ'tæk]
declive (m)	yamac	[ja'maʤ]
vulcão (m)	yanardağ	[janar'daɣ]
vulcão (m) ativo	fəal yanardağ	[fæ'al janar'daɣ]
vulcão (m) extinto	sönmüş yanardağ	[søn'myʃ janar'daɣ]
erupção (f)	püskürmə	[pyskyr'mæ]
cratera (f)	yanardağ ağzı	[janar'daɣ a'ɣzɪ]
magma (m)	maqma	['magma]
lava (f)	lava	['lava]
fundido (lava ~a)	qızmar	[gɪz'mar]
desfiladeiro (m)	kanyon	[ka'njon]

garganta (f)	dərə	[dæ'ræ]
fenda (f)	dar dərə	['dar dæ'ræ]

passo, colo (m)	dağ keçidi	['daɣ kɛʧi'di]
planalto (m)	plato	['plato]
falésia (f)	qaya	[ga'ja]
colina (f)	təpə	[tæ'pæ]

glaciar (m)	buzlaq	[buz'lah]
queda (f) d'água	şəlalə	[ʃæla'læ]
géiser (m)	qeyzer	['gɛjzɛr]
lago (m)	göl	['gølʲ]

planície (f)	düzən	[dy'zæn]
paisagem (f)	mənzərə	[mænzæ'ræ]
eco (m)	əks-səda	['æks sæ'da]

alpinista (m)	alpinist	[alpi'nist]
escalador (m)	qayalara dırmaşan idmançı	[gajala'ra dırma'ʃan idman'ʧı]
conquistar (vt)	fəth etmək	['fæth ɛt'mæk]
subida, escalada (f)	dırmaşma	[dırma'ʃma]

169. Rios

rio (m)	çay	['ʧaj]
fonte, nascente (f)	çeşmə	[ʧɛʃ'mæ]
leito (m) do rio	çay yatağı	['ʧaj jata'ɣı]
bacia (f)	hovuz	[ho'vuz]
desaguar no ...	tökülmək	[tøkylʲ'mæk]

afluente (m)	axın	[a'χın]
margem (do rio)	sahil	[sa'hil]

corrente (f)	axın	[a'χın]
rio abaixo	axınla aşağıya doğru	[a'χınla aʃaɣı'ja do'ɣru]
rio acima	axınla yuxarıya doğru	[a'χınla juχarı'ja do'ɣru]

inundação (f)	daşqın	[daʃ'gın]
cheia (f)	sel	['sɛl]
transbordar (vi)	daşmaq	[daʃ'mah]
inundar (vt)	su basmaq	['su bas'mah]

banco (m) de areia	say	['saj]
rápidos (m pl)	kandar	[kan'dar]

barragem (f)	bənd	['bænd]
canal (m)	kanal	[ka'nal]
reservatório (m) de água	su anbarı	['su anba'rı]
eclusa (f)	şlyuz	['ʃlʲuz]

corpo (m) de água	nohur	[no'hur]
pântano (m)	bataqlıq	[batag'lıh]
tremedal (m)	bataq	[ba'tah]
remoinho (m)	qıjov	[gı'ʒov]

arroio, regato (m)	kiçik çay	[ki'tʃik 'tʃaj]
potável	içməli	[itʃmæ'li]
doce (água)	şirin	[ʃi'rin]

| gelo (m) | buz | ['buz] |
| congelar-se (vr) | donmaq | [don'mah] |

170. Floresta

| floresta (f), bosque (m) | meşə | [mɛ'ʃæ] |
| florestal | meşə | [mɛ'ʃæ] |

mata (f) cerrada	sıx meşəlik	['sıχ mɛʃæ'lik]
arvoredo (m)	ağaclıq	[aɣadʒ'lıh]
clareira (f)	tala	[ta'la]

| matagal (m) | cəngəllik | [dʒ'æŋgæl'lik] |
| mato (m) | kolluq | [kol'lʲuh] |

| vereda (f) | cığır | [dʒʲı'χır] |
| ravina (f) | yarğan | [jar'ɣan] |

árvore (f)	ağac	[a'ɣadʒʲ]
folha (f)	yarpaq	[jar'pah]
folhagem (f)	yarpaqlar	[jarpag'lar]

queda (f) das folhas	yarpağın tökülməsi	[jarpa'ɣın tøkylmæ'si]
cair (vi)	tökülmək	[tøkyl'mæk]
topo (m)	baş	['baʃ]

ramo (m)	budaq	[bu'dah]
galho (m)	budaq	[bu'dah]
botão, rebento (m)	tumurcuq	[tumur'dʒyh]
agulha (f)	iynə	[ij'næ]
pinha (f)	qoza	[go'za]

buraco (m) de árvore	oyuq	[o'juh]
ninho (m)	yuva	[ju'va]
toca (f)	yuva	[ju'va]

tronco (m)	gövdə	[gøv'dæ]
raiz (f)	kök	['køk]
casca (f) de árvore	qabıq	[ga'bıh]
musgo (m)	mamır	[ma'mır]

arrancar pela raiz	kötük çıxarmaq	[kø'tyk tʃıχar'mah]
cortar (vt)	kəsmək	[kæs'mæk]
desflorestar (vt)	qırıb qurtarmaq	[gı'rıp gurtar'mah]
toco, cepo (m)	kötük	[kø'tyk]

fogueira (f)	tonqal	[ton'gal]
incêndio (m) florestal	yanğın	[jan'ɣın]
apagar (vt)	söndürmək	[søndyr'mæk]
guarda-florestal (m)	meşəbəyi	[mɛʃæbæ'jı]

proteção (f)	qoruma	[goru'ma]
proteger (a natureza)	mühafizə etmək	[myhafi'zæ ɛt'mæk]
caçador (m) furtivo	brakonyer	[brako'njɛr]
armadilha (f)	tələ	[tæ'læ]

colher (cogumelos, bagas)	yığmaq	[jɪ'ɣmah]
perder-se (vr)	yolu azmaq	[jo'lʲu az'mah]

171. Recursos naturais

recursos (m pl) naturais	təbii ehtiyatlar	[tæbi'i ɛhtijat'lar]
minerais (m pl)	yeraltı sərvətlər	[ɛral'tɪ særvæt'lær]
depósitos (m pl)	yataqlar	[jatag'lar]
jazida (f)	yataq	[ja'tah]

extrair (vt)	hasil etmək	[ha'sil ɛt'mæk]
extração (f)	hasilat	[hasi'lat]
minério (m)	filiz	[fi'liz]
mina (f)	mədən	[mæ'dæn]
poço (m) de mina	quyu	[gu'ju]
mineiro (m)	şaxtaçı	['ʃaxtatʃɪ]

gás (m)	qaz	['gaz]
gasoduto (m)	qaz borusu	['gaz boru'su]

petróleo (m)	neft	['nɛft]
oleoduto (m)	neft borusu	['nɛft boru'su]
poço (m) de petróleo	neft qülləsi	['nɛft gyllæ'si]
torre (f) petrolífera	neft buruğu	['nɛft buru'ɣu]
petroleiro (m)	tanker	['tankɛr]

areia (f)	qum	['gum]
calcário (m)	əhəngdaşı	[æhæ:ngda'ʃɪ]
cascalho (m)	çınqıl	[tʃɪn'gɪl]
turfa (f)	torf	['torf]
argila (f)	gil	['gil]
carvão (m)	kömür	[kø'myr]

ferro (m)	dəmir	[dæ'mir]
ouro (m)	qızıl	[gɪ'zɪl]
prata (f)	gümüş	[gy'myʃ]
níquel (m)	nikel	['nikɛl]
cobre (m)	mis	['mis]

zinco (m)	sink	['sink]
manganês (m)	manqan	[man'gan]

mercúrio (m)	civə	[dʒʲi'væ]
chumbo (m)	qurğuşun	[gurɣu'ʃun]

mineral (m)	mineral	[minɛ'ral]
cristal (m)	kristal	[kris'tal]
mármore (m)	mərmər	[mær'mær]
urânio (m)	uran	[u'ran]

A Terra. Parte 2

172. Tempo

tempo (m)	hava	[ha'va]
previsão (f) do tempo	hava proqnozu	[ha'va progno'zu]
temperatura (f)	temperatur	[tɛmpɛra'tur]
termómetro (m)	istilik ölçən	[isti'lik øl'ʧæn]
barómetro (m)	barometr	[ba'romɛtr]

humidade (f)	rütubət	[rytu'bæt]
calor (m)	çox isti hava	['ʧoχ is'ti ha'va]
cálido	çox isti	['ʧoχ is'ti]
está muito calor	çox istidir	['ʧoχ is'tidir]

está calor	istidir	[is'tidir]
quente	isti	[is'ti]

está frio	soyuqdur	[so'jugdur]
frio	soyuq	[so'juh]

sol (m)	günəş	[gy'næʃ]
brilhar (vi)	işıq saçmaq	[i'ʃɩh saʧ'mah]
de sol, ensolarado	günəşli	[gynæʃ'li]
nascer (vi)	çıxmaq	[ʧɩχ'mah]
pôr-se (vr)	batmaq	[bat'mah]

nuvem (f)	bulud	[bu'lʲud]
nublado	buludlu	[bulʲud'lʲu]

nuvem (f) preta	qara bulud	[ga'ra bu'lʲud]
escuro, cinzento	tutqun	[tut'gun]

chuva (f)	yağış	[ja'ɣɩʃ]
está a chover	yağır	[ja'ɣɩr]

chuvoso	yağışlı	[jaɣɩʃ'lɩ]
chuviscar (vi)	çiskinləmək	[ʧiskinlæ'mæk]

chuva (f) torrencial	şiddətli yağış	[ʃiddæt'li ja'ɣɩʃ]
chuvada (f)	sel	['sɛl]
forte (chuva)	şiddətli	[ʃiddæt'li]

poça (f)	su gölməçəsi	['su gølmæʧæ'si]
molhar-se (vr)	islanmaq	[islan'mah]

nevoeiro (m)	duman	[du'man]
de nevoeiro	dumanlı	[duman'lɩ]
neve (f)	qar	['gar]
está a nevar	qar yağır	['gar ja'ɣɩr]

173. Tempo extremo. Catástrofes naturais

trovoada (f)	tufan	[tu'fan]
relâmpago (m)	şimşək	[ʃim'ʃæk]
relampejar (vi)	çaxmaq	[ʧaχ'mah]
trovão (m)	göy gurultusu	[gøj gyrultu'su]
trovejar (vi)	guruldamaq	[gurulda'mah]
está a trovejar	göy guruldayır	[gøj gyrulda'jır]
granizo (m)	dolu	[do'lʲu]
está a cair granizo	dolu yağır	[do'lʲu ja'ɣır]
inundar (vt)	su basmaq	['su bas'mah]
inundação (f)	daşqın	[daʃ'gın]
terremoto (m)	zəlzələ	[zælzæ'læ]
abalo, tremor (m)	təkan	[tæ'kan]
epicentro (m)	mərkəz	[mær'kæz]
erupção (f)	püskürmə	[pyskyr'mæ]
lava (f)	lava	['lava]
turbilhão (m)	burağan	[bura'ɣan]
tornado (m)	tornado	[tor'nado]
tufão (m)	şiddətli fırtına	[ʃiddæt'li fırtı'na]
furacão (m)	qasırğa	[gasır'ɣa]
tempestade (f)	fırtına	[fırtı'na]
tounami (m)	tsunami	[ʦu'nami]
ciclone (m)	siklon	[sik'lon]
mau tempo (m)	pis hava	['pis ha'va]
incêndio (m)	yanğın	[jan'ɣın]
catástrofe (f)	fəlakət	[fæla'kæt]
meteorito (m)	meteorit	[mɛtɛo'rit]
avalanche (f)	qar uçqunu	['gar uʧgu'nu]
deslizamento (m) de neve	qar uçqunu	['gar uʧgu'nu]
nevasca (f)	çovğun	[ʧov'ɣun]
tempestade (f) de neve	boran	[bo'ran]

Fauna

174. Mamíferos. Predadores

predador (m)	yırtıcı	[jɪrtɪ'dʒ'ɪ]
tigre (m)	pələng	[pæ'lænh]
leão (m)	şir	['ʃir]
lobo (m)	canavar	[dʒ'ana'var]
raposa (f)	tülkü	[tyl'ky]

jaguar (m)	yaquar	[jagu'ar]
leopardo (m)	leopard	[lɛo'pard]
chita (f)	gepard	[gɛ'pard]

pantera (f)	panter	[pan'tɛr]
puma (m)	puma	['puma]
leopardo-das-neves (m)	qar bəbiri	['gar bæbi'ri]
lince (m)	vaşaq	[va'ʃah]

coiote (m)	koyot	[ko'jot]
chacal (m)	çaqqal	[tʃak'kal]
hiena (f)	kaftar	[k'af'tar]

175. Animais selvagens

animal (m)	heyvan	[hɛj'van]
besta (f)	vəhşi heyvan	[væh'ʃi hɛj'van]

esquilo (m)	sincab	[sin'dʒ'ap]
ouriço (m)	kirpi	[kir'pi]
lebre (f)	dovşan	[dov'ʃan]
coelho (m)	ev dovşanı	['ɛv dovʃa'nɪ]

texugo (m)	porsuq	[por'suh]
guaxinim (m)	yenot	[ɛ'not]
hamster (m)	dağsiçanı	['daɣsitʃanɪ]
marmota (f)	marmot	[mar'mot]

toupeira (f)	köstəbək	[køstæ'bæk]
rato (m)	siçan	[si'tʃan]
ratazana (f)	siçovul	[sitʃo'vul]
morcego (m)	yarasa	[jara'sa]

arminho (m)	sincab	[sin'dʒ'ap]
zibelina (f)	samur	[sa'mur]
marta (f)	dələ	[dæ'læ]
doninha (f)	gəlincik	[gɛlin'dʒ'ik]
vison (m)	su samuru	['su samu'ru]

| castor (m) | qunduz | [gun'duz] |
| lontra (f) | susamuru | [susamu'ru] |

cavalo (m)	at	['at]
alce (m)	sığın	[sɪ'ɣɪn]
veado (m)	maral	[ma'ral]
camelo (m)	dəvə	[dæ'væ]

bisão (m)	bizon	[bi'zon]
auroque (m)	zubr	['zubr]
búfalo (m)	camış	[dʒʲa'mɪʃ]

zebra (f)	zebra	['zɛbra]
antílope (m)	antilop	[anti'lop]
corça (f)	cüyür	[dʒy'jur]
gamo (m)	xallı maral	[χal'lɪ ma'ral]
camurça (f)	dağ keçisi	['daɣ kɛtʃi'si]
javali (m)	qaban	[ga'ban]

baleia (f)	balina	[ba'lina]
foca (f)	suiti	[sui'ti]
morsa (f)	morj	['morʒ]
urso-marinho (m)	dəniz pişiyi	[dæ'niz piʃi'jɪ]
golfinho (m)	delfin	[dɛl'fin]

urso (m)	ayı	[a'jɪ]
urso (m) branco	ağ ayı	['aɣ a'jɪ]
panda (m)	panda	['panda]

macaco (em geral)	meymun	[mɛj'mun]
chimpanzé (m)	şimpanze	[ʃimpan'zɛ]
orangotango (m)	oranqutan	[orangu'tan]
gorila (m)	qorilla	[go'rilla]
macaco (m)	makaka	[ma'kaka]
gibão (m)	gibbon	[gib'bon]

elefante (m)	fil	['fil]
rinoceronte (m)	kərgədən	[kærgæ'dan]
girafa (f)	zürafə	[zyra'fæ]
hipopótamo (m)	begemot	[bɛgɛ'mot]

| canguru (m) | kenquru | [kɛngu'ru] |
| coala (m) | koala | [ko'ala] |

mangusto (m)	manqust	[man'gust]
chinchila (m)	şinşilla	[ʃin'ʃila]
doninha-fedorenta (f)	skuns	['skuns]
porco-espinho (m)	oxlu kirpi	[oχ'lʲu kir'pi]

176. Animais domésticos

gata (f)	pişik	[pi'ʃik]
gato (m) macho	pişik	[pi'ʃik]
cão (m)	it	['it]

cavalo (m)	at	['at]
garanhão (m)	ayğır	[aj'ɣır]
égua (f)	madyan	[ma'djan]

vaca (f)	inək	[i'næk]
touro (m)	buğa	[bu'ɣa]
boi (m)	öküz	[ø'kyz]

ovelha (f)	qoyun	[go'jun]
carneiro (m)	qoyun	[go'jun]
cabra (f)	keçi	[kɛ'ʧi]
bode (m)	erkək keçi	[ɛr'kæk kɛ'ʧi]

| burro (m) | eşşək | [ɛ'ʃʃæk] |
| mula (f) | qatır | [ga'tır] |

porco (m)	donuz	[do'nuz]
leitão (m)	çoşka	[ʧoʃ'ka]
coelho (m)	ev dovşanı	['ɛv dovʃa'nı]

| galinha (f) | toyuq | [to'juh] |
| galo (m) | xoruz | [χo'ruz] |

pata (f)	ördək	[ør'dæk]
pato (macho)	yaşılbaş	[jaʃıl'baʃ]
ganso (m)	qaz	['gaz]

| peru (m) | hind xoruzu | ['hind χoru'zu] |
| perua (f) | hind toyuğu | ['hind toju'ɣu] |

animais (m pl) domésticos	ev heyvanları	['æv hɛjvanla'rı]
domesticado	əhliləşdirilmiş	[æhlilæʃdiril'miʃ]
domesticar (vt)	əhliləşdirmək	[æhlilæʃdir'mæk]
criar (vt)	yetişdirmək	[ɛtiʃdir'mæk]

quinta (f)	ferma	['fɛrma]
aves (f pl) domésticas	ev quşları	['ɛv guʃla'rı]
gado (m)	mal-qara	['mal ga'ra]
rebanho (m), manada (f)	sürü	[sy'ry]

estábulo (m)	tövlə	[tøv'læ]
pocilga (f)	donuz damı	[do'nuz da'mı]
estábulo (m)	inək damı	[i'næk da'mı]
coelheira (f)	ev dovşanı saxlanılan yer	['æv dovʃa'nı saχlanı'lan 'ɛr]
galinheiro (m)	toyuq damı	[to'juh da'mı]

177. Cães. Raças de cães

cão (m)	it	['it]
cão pastor (m)	çoban iti	[ʧo'ban i'ti]
caniche (m)	pudel	['pudɛl]
teckel (m)	taksa	['taksa]
buldogue (m)	buldoq	[bul'doh]
boxer (m)	boksyor	[boks'jor]

mastim (m)	mastif	[mas'tif]
rottweiler (m)	rotveyler	[rot'vɛjlɛr]
dobermann (m)	doberman	[dobɛr'man]

basset (m)	basset	['bassɛt]
pastor inglês (m)	bobteyl	[bob'tɛjl]
dálmata (m)	dalmat iti	[dal'mat i'ti]
cocker spaniel (m)	koker-spaniel	['kokɛr spani'ɛl]

terra-nova (m)	nyufaundlend	[nju'faundlɛnd]
são-bernardo (m)	senbernar	[sɛnbɛr'nar]

husky (m)	xaski	['χaski]
Chow-chow (m)	çau-çau	['ʧau 'ʧau]
spitz alemão (m)	şpis	['ʃpits]
carlindogue (m)	mops	['mops]

178. Sons produzidos pelos animais

latido (m)	hürmə	[hyr'mæ]
latir (vi)	hürmək	[hyr'mæk]
miar (vi)	miyovlamaq	[mijovla'mah]
ronronar (vi)	mırıldamaq	[mɪrɪlda'mah]

mugir (vaca)	movuldamaq	[movulda'mah]
bramir (touro)	böyürmək	[bøyr'mæk]
rosnar (vi)	nərildəmək	[nærildæ'mæk]

uivo (m)	ulama	[ula'ma]
uivar (vi)	ulamaq	[ula'mah]
ganir (vi)	zingildəmək	[zingildæ'mæk]

balir (vi)	mələmək	[mælæ'mæk]
grunhir (porco)	xortuldamaq	[χortulda'mah]
guinchar (vi)	ciyildəmək	[ʤ'ijɪldæ'mæk]

coaxar (sapo)	vaqqıltı	[vakkɪl'tɪ]
zumbir (inseto)	vızıldamaq	[vɪzɪlda'mah]
estridular, ziziar (vi)	cırıldamaq	[ʤ'ırılda'mah]

179. Pássaros

pássaro (m), ave (f)	quş	['guʃ]
pombo (m)	göyərçin	[gøjær'ʧin]
pardal (m)	sərçə	[sær'ʧæ]
chapim-real (m)	arıquşu	[arıgu'ʃu]
pega-rabuda (f)	sağsağan	[saɣsa'ɣan]

corvo (m)	qarğa	[gar'ɣa]
gralha (f) cinzenta	qarğa	[gar'ɣa]
gralha-de-nuca-cinzenta (f)	dolaşa	[dola'ʃa]
gralha-calva (f)	zağca	[zaɣ'ʤ'a]

pato (m)	ördək	[ør'dæk]
ganso (m)	qaz	['gaz]
faisão (m)	qırqovul	[gırgo'vul]

águia (f)	qartal	[gar'tal]
açor (m)	qırğı	[gır'ɣı]
falcão (m)	şahin	[ʃa'hin]
abutre (m)	qrif	['grif]
condor (m)	kondor	[kon'dor]

cisne (m)	sona	[so'na]
grou (m)	durna	[dur'na]
cegonha (f)	leylək	[lɛj'læk]
papagaio (m)	tutuquşu	[tutugu'ʃu]
beija-flor (m)	kolibri	[ko'libri]
pavão (m)	tovuz	[to'vuz]

avestruz (m)	straus	[st'raus]
garça (f)	vağ	['vaɣ]
flamingo (m)	qızılqaz	[gızıl'gaz]
pelicano (m)	qutan	[gu'tan]

rouxinol (m)	bülbül	[bylʲ'bylʲ]
andorinha (f)	qaranquş	[garan'guʃ]
tordo-zornal (m)	qaratoyuq	[garato'juh]
tordo-músico (m)	öten qaratoyuq	[ø'tæn garato'juh]
melro-preto (m)	qara qaratoyuq	[ga'ra garato'juh]

andorinhão (m)	uzunqanad	[uzunga'nad]
cotovia (f)	torağay	[tora'ɣaj]
codorna (f)	bidirçin	[bilʲdir'ʧin]

pica-pau (m)	ağacdələn	[aɣadʒʲdæ'læn]
cuco (m)	ququ quşu	[gu'gu gu'ʃu]
coruja (f)	bayquş	[baj'guʃ]
corujão, bufo (m)	yapalaq	[japa'lah]
tetraz-grande (m)	Sibir xoruzu	[si'bir ɣoru'zu]
tetraz-lira (m)	tetra quşu	['tɛtra gu'ʃu]
perdiz-cinzenta (f)	kəklik	[kæk'lik]

estorninho (m)	sığırçın	[sıɣır'ʧın]
canário (m)	sarıbülbül	[sarıbylʲ'bylʲ]
galinha-do-mato (f)	qarabağır	[garaba'ɣır]
tentilhão (m)	alacəhrə	[alaʧæh'ræ]
dom-fafe (m)	qar quşu	['gar gu'ʃu]

gaivota (f)	qağayı	[gaga'jı]
albatroz (m)	albatros	[albat'ros]
pinguim (m)	pinqvin	[ping'vin]

180. Pássaros. Canto e sons

| cantar (vi) | oxumaq | [oɣu'mah] |
| gritar (vi) | çığırmaq | [ʧıɣır'mah] |

cantar (o galo)	banlamaq	[banla'mah]
cocorocó (m)	quqquluqu	[gukkulʲu'gu]

cacarejar (vi)	qaqqıldamaq	[gakkılda'mah]
crocitar (vi)	qarıldamaq	[garılda'mah]
grasnar (vi)	vaqqıldamaq	[vakkılda'mah]
piar (vi)	ciyildəmək	[dʒʲijıldæ'mæk]
chilrear, gorjear (vi)	cəh-cəh vurmaq	['dʒʲæh 'dʒʲæh vur'mah]

181. Peixes. Animais marinhos

brema (f)	çapaq	[ʧa'pah]
carpa (f)	karp	['karp]
perca (f)	xanı balığı	[χa'nı balı'ɣı]
siluro (m)	naqqa	[nak'ka]
lúcio (m)	durnabalığı	[durnabalı'ɣı]

salmão (m)	qızılbalıq	[gızılba'lıh]
esturjão (m)	nərə balığı	[næ'ræ balı'ɣı]

arenque (m)	siyənək	[sijæ'næk]
salmão (m)	somğa	[som'ɣa]

cavala, sarda (f)	skumbriya	['skumbrija]
solha (f)	qalxan balığı	[gal'χan balı'ɣı]

lúcio perca (m)	suf balığı	['suf balı'ɣı]
bacalhau (m)	treska	[trɛs'ka]

atum (m)	tunes	[tu'nɛs]
truta (f)	alabalıq	[alaba'lıh]

enguia (f)	angvil balığı	[ang'vil balı'ɣı]
raia elétrica (f)	elektrikli skat	[ɛlɛktrik'li 'skat]

moreia (f)	müren balığı	[my'rɛn balı'ɣı]
piranha (f)	piranya balığı	[pi'ranja balı'ɣı]

tubarão (m)	köpək balığı	[kø'pæk balı'ɣı]
golfinho (m)	delfin	[dɛl'fin]
baleia (f)	balina	[ba'lina]

caranguejo (m)	qısaquyruq	[gısaguj'ruh]
medusa, alforreca (f)	meduza	[mɛ'duza]
polvo (m)	səkkizayaqlı ilbiz	[sækkizajag'lı il'biz]

estrela-do-mar (f)	dəniz ulduzu	[dæ'niz uldu'zu]
ouriço-do-mar (m)	dəniz kirpisi	[dæ'niz kirpi'si]
cavalo-marinho (m)	dəniz atı	[dæ'niz a'tı]

ostra (f)	istridyə	[istri'dʲæ]
camarão (m)	krevet	[krɛ'vɛt]
lavagante (m)	omar	[o'mar]
lagosta (f)	lanqust	[lan'gust]

182. Amfíbios. Répteis

serpente, cobra (f)	ilan	[i'lan]
venenoso	zəhərli	[zæhær'li]
víbora (f)	gürzə	[gyr'zæ]
cobra-capelo, naja (f)	kobra	['kobra]
pitão (m)	piton	[pi'ton]
jiboia (f)	boa	[bo'a]
cobra-de-água (f)	koramal	[kora'mal]
cascavel (f)	zınqırovlu ilan	[zıngırov'lʲu i'lan]
anaconda (f)	anakonda	[ana'konda]
lagarto (m)	kərtənkələ	[kærtænkæ'læ]
iguana (f)	iquana	[igu'ana]
varano (m)	çöl kərtənkələsi	[ʧœl kærtænkælæ'si]
salamandra (f)	salamandr	[sala'mandr]
camaleão (m)	buğələmun	[buɣælæ'mun]
escorpião (m)	əqrəb	[æg'ræp]
tartaruga (f)	tısbağa	[tısba'ɣa]
rã (f)	qurbağa	[gurba'ɣa]
sapo (m)	quru qurbağası	[gu'ru gurbaɣa'sı]
crocodilo (m)	timsah	[tim'sah]

183. Insetos

inseto (m)	həşarat	[hæʃa'rat]
borboleta (f)	kəpənək	[kæpæ'næk]
formiga (f)	qarışqa	[garıʃ'ga]
mosca (f)	milçək	[mil'ʧæk]
mosquito (m)	ağcaqanad	[aɣʤʲaga'nad]
escaravelho (m)	böcək	[bø'ʤʲæk]
vespa (f)	arı	[a'rı]
abelha (f)	bal arısı	['bal arı'sı]
mamangava (f)	eşşək arısı	[ɛ'ʃʃæk arı'sı]
moscardo (m)	mozalan	[moza'lan]
aranha (f)	hörümçək	[hørym'ʧæk]
teia (f) de aranha	hörümçək toru	[hørym'ʧæk toru]
libélula (f)	cırcırama	[ʤʲırʤʲıra'ma]
gafanhoto-do-campo (m)	şala cırcıraması	[ʃa'la ʤʲırʤʲırama'sı]
traça (f)	pərvanə	[pærva'næ]
barata (f)	tarakan	[tara'kan]
carraça (f)	gənə	[gæ'næ]
pulga (f)	birə	[bi'ræ]
borrachudo (m)	mığmığa	[mıɣmı'ɣa]
gafanhoto (m)	çəyirtkə	[ʧæjırt'kæ]
caracol (m)	ilbiz	[il'biz]

grilo (m)	sisey	[si'sæj]
pirilampo (m)	işıldaquş	[iʃɪlda'guʃ]
joaninha (f)	xanımböceyi	[χanɪmbødʒʲæ'jı]
besouro (m)	may böceyi	['maj bødʒʲæ'jı]

sanguessuga (f)	zəli	[zæ'li]
lagarta (f)	kepenek qurdu	[kæpæ'næk gur'du]
minhoca (f)	qurd	['gurd]
larva (f)	sürfe	[syr'fæ]

184. Animais. Partes do corpo

bico (m)	dimdik	[dim'dik]
asas (f pl)	qanadlar	[ganad'lar]
pata (f)	pence	[pæn'dʒʲæ]
plumagem (f)	tük	['tyk]
pena, pluma (f)	lelek	[læ'læk]
crista (f)	kekil	[kæ'kil]

brânquias, guelras (f pl)	qelseme	[gælsæ'mæ]
ovas (f pl)	kürü	[ky'ry]
larva (f)	sürfe	[syr'fæ]
barbatana (f)	üzgec	[yz'gædʒʲ]
escama (f)	pul	['pul]

canino (m)	köpek dişi	[kø'pæk di'ʃi]
pata (f)	pence	[pæn'dʒʲæ]
focinho (m)	üz	['yz]
boca (f)	ağız	[a'ɣɪz]
cauda (f), rabo (m)	quyruq	[guj'ruh]
bigodes (m pl)	bığ	['bɪɣ]

casco (m)	dırnaq	[dɪr'nah]
corno (m)	buynuz	[buj'nuz]

carapaça (f)	qın	['gɪn]
concha (f)	balıqqulağı	[balıkkula'ɣɪ]
casca (f) de ovo	qabıq	[ga'bıh]

pelo (m)	yun	['jun]
pele (f), couro (m)	deri	[dæ'ri]

185. Animais. Habitats

hábitat	yaşayış mühiti	[jaʃa'jıʃ myhi'ti]
migração (f)	köç	['køtʃ]

montanha (f)	dağ	['daɣ]
recife (m)	rif	['rif]
falésia (f)	qaya	[ga'ja]
floresta (f)	meşe	[mɛ'ʃæ]
selva (f)	cengellik	[dʒʲængæl'lik]

savana (f)	savanna	[sa'vanna]
tundra (f)	tundra	['tundra]

estepe (f)	çöl	['ʧœl]
deserto (m)	səhra	[sæh'ra]
oásis (m)	oazis	[o'azis]

mar (m)	dəniz	[dæ'niz]
lago (m)	göl	['gølʲ]
oceano (m)	okean	[okɛ'an]

pântano (m)	bataqlıq	[batag'lıh]
de água doce	şirin sulu	[ʃi'rin su'lʲu]
lagoa (f)	gölcük	[gølʲ'ʤyk]
rio (m)	çay	['ʧaj]

toca (f) do urso	ayı yuvası	[a'jı juva'sı]
ninho (m)	yuva	[ju'va]
buraco (m) de árvore	oyuq	[o'juh]
toca (f)	yuva	[ju'va]
formigueiro (m)	qarışqa yuvası	[garıʃ'ga juva'sı]

Flora

186. Árvores

árvore (f)	ağac	[a'ɣadʒi]
decídua	yarpaqlı	[jarpag'lı]
conífera	iynəli	[ijnæ'li]
perene	həmişəyaşıl	[hæmiʃæja'ʃıl]
macieira (f)	alma	[al'ma]
pereira (f)	armud	[ar'mud]
cerejeira (f)	gilas	[gi'las]
ginjeira (f)	albalı	[alba'lı]
ameixeira (f)	gavalı	[gava'lı]
bétula (f)	tozağacı	[tozaɣa'dʒi]
carvalho (m)	palıd	[pa'lıd]
tília (f)	cökə	[dʒi'ø'kæ]
choupo-tremedor (m)	ağcaqovaq	[aɣdʒi'ago'vah]
bordo (m)	ağcaqayın	[aɣdʒi'aga'jın]
espruce-europeu (m)	küknar	[kyk'nar]
pinheiro (m)	şam	['ʃam]
alerce, lariço (m)	qara şam ağacı	[ga'ra 'ʃam aɣa'dʒi]
abeto (m)	ağ şam ağacı	['aɣ 'ʃam aɣadʒi]
cedro (m)	sidr	['sidr]
choupo, álamo (m)	qovaq	[go'vah]
tramazeira (f)	quşarmudu	[guʃarmu'du]
salgueiro (m)	söyüd	[sø'jud]
amieiro (m)	qızılağac	[gızıla'ɣadʒi]
faia (f)	fıstıq	[fıs'tıh]
ulmeiro (m)	qarağac	[gara'ɣadʒi]
freixo (m)	göyrüş	[gøj'ryʃ]
castanheiro (m)	şabalıd	[ʃaba'lıd]
magnólia (f)	maqnoliya	[mag'nolija]
palmeira (f)	palma	['palma]
cipreste (m)	sərv	['særv]
mangue (m)	manqra ağacı	['mangra aɣa'dʒi]
embondeiro, baobá (m)	baobab	[bao'bap]
eucalipto (m)	evkalipt	[ɛvka'lipt]
sequoia (f)	sekvoya	[sɛk'voja]

187. Arbustos

arbusto (m)	kol	['køl]
arbusto (m), moita (f)	kolluq	[kol'lʲuh]

171

videira (f)	üzüm	[y'zym]
vinhedo (m)	üzüm bağı	[y'zym ba'ɣı]

framboeseira (f)	moruq	[mo'ruh]
groselheira-vermelha (f)	qırmızı qarağat	[gırmı'zı gara'ɣat]
groselheira (f) espinhosa	krıjovnik	[krı'ʒovnik]

acácia (f)	akasiya	[a'kasija]
bérberis (f)	zərinc	[zæ'rindʒʲ]
jasmim (m)	jasmin	[ʒas'min]

junípero (m)	ardıc kolu	[ar'dıdʒʲ ko'lʲu]
roseira (f)	qızılgül kolu	[gızıl'gylʲ ko'lʲu]
roseira (f) brava	itburnu	[itbur'nu]

188. Cogumelos

cogumelo (m)	göbələk	[gøbæ'læk]
cogumelo (m) comestível	yeməli göbələk	[ɛmæ'li gøbæ'læk]
cogumelo (m) venenoso	zəhərli göbələk	[zæhær'li gøbæ'læk]
chapéu (m)	papaq	[pa'pah]
pé, caule (m)	gövdə	[gøv'dæ]

boleto (m)	ağ göbələk	['aɣ gøbæ'læk]
boleto (m) alaranjado	qırmızıbaş göbələk	[gırmızı'baʃ gøbæ'læk]
míscaro (m) das bétulas	qara göbələk	[ga'ra gøbæ'læk]
cantarela (f)	sarı göbələk	[sa'rı gøbæ'læk]
rússula (f)	zol-zol papaqlı göbələk	['zol 'zol papag'lı gøbæ'læk]

morchella (f)	quzugöbələyi	[guzugøbælæ'jı]
agário-das-moscas (m)	milşəkqıran	[miltʃækgı'ran]
cicuta (f) verde	zəhərli göbələk	[zæhær'li gøbæ'læk]

189. Frutos. Bagas

maçã (f)	alma	[al'ma]
pera (f)	armud	[ar'mud]
ameixa (f)	gavalı	[gava'lı]

morango (m)	bağ çiyələyi	['baɣ tʃijælæ'jı]
ginja (f)	albalı	[alba'lı]
cereja (f)	gilas	[gi'las]
uva (f)	üzüm	[y'zym]

framboesa (f)	moruq	[mo'ruh]
groselha (f) preta	qara qarağat	[ga'ra gara'ɣat]
groselha (f) vermelha	qırmızı qarağat	[gırmı'zı gara'ɣat]
groselha (f) espinhosa	krıjovnik	[krı'ʒovnik]
oxicoco (m)	quşüzümü	[guʃyzy'my]

laranja (f)	portağal	[porta'ɣal]
tangerina (f)	mandarin	[manda'rin]

ananás (m)	ananas	[ana'nas]
banana (f)	banan	[ba'nan]
tâmara (f)	xurma	[χur'ma]

limão (m)	limon	[li'mon]
damasco (m)	ərik	[æ'rik]
pêssego (m)	şaftalı	[ʃafta'lı]
kiwi (m)	kivi	['kivi]
toranja (f)	qreypfrut	['grɛjpfrut]

baga (f)	giləmeyvə	[gilæmɛj'væ]
bagas (f pl)	giləmeyvələr	[gilæmɛjvæ'lær]
arando (m) vermelho	mərsin	[mær'sin]
morango-silvestre (m)	çiyələk	[ʧijæ'læk]
mirtilo (m)	qaragilə	[garagi'læ]

190. Flores. Plantas

| flor (f) | gül | ['gylʲ] |
| ramo (m) de flores | gül dəstəsi | ['gylʲ dæstæ'si] |

rosa (f)	qızılgül	[gızıl'gylʲ]
tulipa (f)	lalə	[la'læ]
cravo (m)	qərənfil	[gæræn'fil]
gladíolo (m)	qladiolus	[gladi'olʲus]

centáurea (f)	peyğəmbərçiçəyi	[pɛjɣæmbærʧiʧæ'ji]
campânula (f)	zəngçiçəyi	[zængʧiʧæ'ji]
dente-de-leão (m)	zəncirotu	[zænʤʲiro'tu]
camomila (f)	çobanyastığı	[ʧobanjastı'ɣı]

aloé (m)	əzvay	[æz'vaj]
cato (m)	kaktus	['kaktus]
fícus (m)	fikus	['fikus]

lírio (m)	zanbaq	[zan'bah]
gerânio (m)	ətirşah	[ætir'ʃah]
jacinto (m)	giasint	[gia'sint]

mimosa (f)	küsdüm ağacı	[kys'dym aɣa'ʤʲı]
narciso (m)	nərgizgülü	[nærgizgy'ly]
capuchinha (f)	ərikgülü	[ærikgy'ly]

orquídea (f)	səhləb çiçəyi	[sæh'læp ʧiʧæ'ji]
peónia (f)	pion	[pi'on]
violeta (f)	bənövşə	[bænøv'ʃæ]

amor-perfeito (m)	alabəzək bənövşə	[alabæ'zæk bænøv'ʃæ]
não-me-esqueças (m)	yaddaş çiçəyi	[jad'daʃ ʧiʧæ'ji]
margarida (f)	qızçiçəyi	[gızʧiʧæ'ji]

papoula (f)	lalə	[la'læ]
cânhamo (m)	çətənə	[ʧætæ'næ]
hortelã (f)	nanə	[na'næ]

| lírio-do-vale (m) | inciçiçəyi | [indʒʲitʃitʃæ'jı] |
| campânula-branca (f) | novruzgülü | [novruzgy'ly] |

urtiga (f)	gicitkən	[gitʃit'kæn]
azeda (f)	quzuqulağı	[guzugula'ɣı]
nenúfar (m)	ağ suzanbağı	['aɣ suzanba'ɣı]
feto (m), samambaia (f)	ayıdöşəyi	[ajıdøʃæ'jı]
líquen (m)	şibyə	[ʃib'jæ]

estufa (f)	oranjereya	[oranʒɛ'rɛja]
relvado (m)	qazon	[ga'zon]
canteiro (m) de flores	çiçək ləki	[tʃi'tʃæk læ'ki]

planta (f)	bitki	[bit'ki]
erva (f)	ot	['ot]
folha (f) de erva	ot saplağı	['ot sapla'ɣı]

folha (f)	yarpaq	[jar'pah]
pétala (f)	ləçək	[læ'tʃæk]
talo (m)	saplaq	[sap'lah]
tubérculo (m)	kök yumrusu	[køk jumru'su]

| broto, rebento (m) | cücərti | [dʒydʒʲær'ti] |
| espinho (m) | tikan | [ti'kan] |

florescer (vi)	çiçək açmaq	[tʃi'tʃæk atʃ'mah]
murchar (vi)	solmaq	[sol'mah]
cheiro (m)	ətir	[æ'tir]
cortar (flores)	kəsmək	[kæs'mæk]
colher (uma flor)	dərmək	[dær'mæk]

191. Cereais, grãos

grão (m)	dən	['dæn]
cereais (plantas)	dənli bitkilər	[dæn'li bitki'lær]
espiga (f)	sümbül	[sym'bylʲ]

trigo (m)	taxıl	[ta'χıl]
centeio (m)	covdar	[dʒʲov'dar]
aveia (f)	yulaf	[ju'laf]
milho-miúdo (m)	darı	[da'rı]
cevada (f)	arpa	[ar'pa]

milho (m)	qarğıdalı	[garɣıda'lı]
arroz (m)	düyü	[dy'ju]
trigo-sarraceno (m)	qarabaşaq	[garaba'ʃah]

ervilha (f)	noxud	[no'χud]
feijão (m)	lobya	[lo'bja]
soja (f)	soya	['soja]
lentilha (f)	mərcimək	[mærdʒʲi'mæk]
fava (f)	paxla	[paχ'la]

GEOGRAFIA REGIONAL

Países. Nacionalidades

192. Política. Governo. Parte 1

política (f)	siyasət	[sija'sæt]
político	siyasi	[sija'si]
político (m)	siyasətçi	[sijasæ'ʧi]

estado (m)	dövlət	[døv'læt]
cidadão (m)	vətəndaş	[vætæn'daʃ]
cidadania (f)	vətəndaşlıq	[vætændaʃ'lıh]

brasão (m) de armas	milli herb	[mil'li 'hɛrp]
hino (m) nacional	dövlət himni	[døv'læt him'ni]

governo (m)	hökümət	[høky'mæt]
Chefe (m) de Estado	ölkə başçısı	[øl'kæ baʃʧı'sı]
parlamento (m)	parlament	[par'lamɛnt]
partido (m)	partiya	['partija]

capitalismo (m)	kapitalizm	[kapita'lizm]
capitalista	kapitalist	[kapita'list]

socialismo (m)	sosializm	[sotsia'lizm]
socialista	sosialist	[sotsia'list]

comunismo (m)	kommunizm	[kommu'nizm]
comunista	kommunist	[kommu'nist]
comunista (m)	kommunist	[kommu'nist]

democracia (f)	demokratiya	[dɛmok'ratija]
democrata (m)	demokrat	[dɛmok'rat]
democrático	demokratik	[dɛmokra'tik]
Partido (m) Democrático	demokratik partiyası	[dɛmokra'tik 'partijası]

liberal (m)	liberal	[libɛ'ral]
liberal	liberal	[libɛ'ral]

conservador (m)	mühafizəkar	[myhafizæ'kar]
conservador	mühafizəkar	[myhafizæ'kar]

república (f)	respublika	[rɛs'publika]
republicano (m)	respublikaçı	[rɛs'publikaʧı]
Partido (m) Republicano	respublikaçılar partiyası	[rɛs'publikaʧılar 'partijası]

eleições (f pl)	seçkilər	[sɛʧki'lær]
eleger (vt)	seçmək	[sɛʧ'mæk]

| eleitor (m) | seçici | [sɛʧi'ʤ'i] |
| campanha (f) eleitoral | seçki kampaniyası | [sɛʧ'ki kam'panijası] |

votação (f)	səs vermə	['sæs vɛr'mæ]
votar (vi)	səs vermək	['sæs vɛr'mæk]
direito (m) de voto	səs vermə hüququ	['sæs vɛr'mæ hygu'gu]

candidato (m)	namizəd	[nami'zæd]
candidatar-se (vi)	namizədliyini	[namizædlijı'ni
	irəli sürmək	iræ'li syr'mæk]
campanha (f)	kampaniya	[kam'panija]

| da oposição | müxalif | [myχa'lif] |
| oposição (f) | müxalifət | [myχali'fæt] |

visita (f)	səfər	[sæ'fær]
visita (f) oficial	rəsmi səfər	[ræs'mi sæ'fær]
internacional	beynəlxalq	[bɛjnæl'χalh]

| negociações (f pl) | danışıqlar | [danıʃıg'lar] |
| negociar (vi) | danışıqlar aparmaq | [danıʃıg'lar apar'mah] |

193. Política. Governo. Parte 2

sociedade (f)	cəmiyyət	[ʤ'æmi'æt]
constituição (f)	konstitusiya	[konsti'tusija]
poder (ir para o ~)	hakimiyyət	[hakimi'æt]
corrupção (f)	korrupsiya	[kor'rupsija]

| lei (f) | qanun | [ga'nun] |
| legal | qanuni | [ganu'ni] |

| justiça (f) | ədalət | [æda'læt] |
| justo | ədalətli | [ædalæt'li] |

comité (m)	komitə	[komi'tæ]
projeto-lei (m)	qanun layihəsi	[ga'nun laihæ'si]
orçamento (m)	büdcə	[byd'ʤ'æ]
política (f)	siyasət	[sija'sæt]
reforma (f)	islahat	[isla'hat]
radical	radikal	[radi'kal]

força (f)	qüdrət	[gyd'ræt]
poderoso	qüdrətli	[gydræt'li]
partidário (m)	tərəfdar	[tæræf'dar]
influência (f)	təsir	[tæ'sir]

regime (m)	rejim	[rɛ'ʒim]
conflito (m)	münaqişə	[mynagi'ʃæ]
conspiração (f)	sui-qəsd	['sui 'gæsd]
provocação (f)	provokasiya	[provo'kasija]

| derrubar (vt) | devirmək | [dɛvir'mæk] |
| derrube (m), queda (f) | devrilmə | [dɛvril'mæ] |

revolução (f)	inqilab	[ingi'lap]
golpe (m) de Estado	çevriliş	[ʧɛvri'liʃ]
golpe (m) militar	hərbi çevriliş	[hær'bi ʧɛvri'liʃ]

crise (f)	böhran	[bøh'ran]
recessão (f) económica	iqtisadi zəifləmə	[igtisa'di zæiflæ'mæ]
manifestante (m)	nümayişçi	[nymaiʃ'ʧi]
manifestação (f)	nümayiş	[nyma'iʃ]
lei (f) marcial	hərbi vəziyyət	[hær'bi væzi'æt]
base (f) militar	baza	['baza]

| estabilidade (f) | stabillik | [stabil'lik] |
| estável | stabil | [sta'bil] |

| exploração (f) | istismar | [istis'mar] |
| explorar (vt) | istismar etmək | [istis'mar ɛt'mæk] |

racismo (m)	irqçilik	[irgʧi'lik]
racista (m)	irqçi	[irg'ʧi]
fascismo (m)	faşizm	[fa'ʃizm]
fascista (m)	faşist	[fa'ʃist]

194. Países. Diversos

estrangeiro (m)	xarici	[χari'ʤi]
estrangeiro	xarici	[χari'ʤi]
no estrangeiro	xaricdə	[χariʤi'dæ]

emigrante (m)	mühacir	[myha'ʤir]
emigração (f)	mühacirət	[myhaʤi'ræt]
emigrar (vi)	mühacirət etmək	[myhaʤi'ræt ɛt'mæk]

Ocidente (m)	Qərb	['gærp]
Oriente (m)	Şərq	['ʃærh]
Extremo Oriente (m)	Uzaq Şərq	[u'zah 'ʃærh]

civilização (f)	sivilizasiya	[sivili'zasija]
humanidade (f)	bəşəriyyət	[bæʃæri'æt]
mundo (m)	dünya	[dy'nja]
paz (f)	əmin-amanlıq	[æ'min aman'lıh]
mundial	dünya	[dy'nja]

pátria (f)	vətən	[væ'tæn]
povo (m)	xalq	['χalh]
população (f)	əhali	[æha'li]
gente (f)	adamlar	[adam'lar]
nação (f)	milliyət	[milli'jæt]
geração (f)	nəsil	[næ'sil]

território (m)	ərazi	[æra'zi]
região (f)	bölqə	[bøl'gæ]
estado (m)	ştat	['ʃtat]
tradição (f)	ənənə	[ænæ'næ]
costume (m)	adət	[a'dæt]

ecologia (f)	ekoloqiya	[ɛkoˈlogija]
índio (m)	hindi	[hinˈdi]
cigano (m)	qaraçı	[garaˈtʃı]
cigana (f)	qaraçı qadın	[garaˈtʃı gaˈdın]
cigano	qaraçı	[garaˈtʃı]

império (m)	imperatorluq	[impɛˈratorlʲuh]
colónia (f)	müstəmləkə	[mystæmlæˈkæ]
escravidão (f)	köləlik	[kølæˈlik]
invasão (f)	basqın	[basˈgın]
fome (f)	aclıq	[adʒʲˈlıh]

195. Grupos religiosos mais importantes. Confissões

religião (f)	din	[ˈdin]
religioso	dini	[diˈni]

crença (f)	etiqad	[ɛtiˈgad]
crer (vt)	etiqad etmək	[ɛtiˈgad ɛtˈmæk]
crente (m)	dindar	[dinˈdar]

ateísmo (m)	ateizm	[atɛˈizm]
ateu (m)	ateist	[atɛˈist]

cristianismo (m)	xristianlıq	[χristianˈlıh]
cristão (m)	xristian	[χristiˈan]
cristão	xristian	[χristiˈan]

catolicismo (m)	Katolisizm	[katoliˈsizm]
católico (m)	katolik	[kaˈtolik]
católico	katolik	[katoˈlik]

protestantismo (m)	Protestantlıq	[protɛstantˈlıh]
Igreja (f) Protestante	Protestant kilsəsi	[protɛsˈtant kilsæˈsi]
protestante (m)	protestant	[protɛsˈtant]

ortodoxia (f)	Pravoslavlıq	[pravoslavˈlıh]
Igreja (f) Ortodoxa	Pravoslav kilsəsi	[pravosˈlav kilsæˈsi]
ortodoxo (m)	pravoslav	[pravosˈlav]

presbiterianismo (m)	Presviterianlıq	[prɛsvitɛrianˈlıh]
Igreja (f) Presbiteriana	Presviterian kilsəsi	[prɛsvitɛriˈan kilsæˈsi]
presbiteriano (m)	presviterian	[prɛsvitɛriˈan]

Igreja (f) Luterana	Lüteran kilsəsi	[lytɛˈran kilsæˈsi]
luterano (m)	lüteran	[lytɛˈran]

Igreja (f) Batista	Baptizm	[bapˈtizm]
batista (m)	baptist	[bapˈtist]

Igreja (f) Anglicana	Anqlikan kilsəsi	[angliˈkan kilsæˈsi]
anglicano (m)	anqlikan	[angliˈkan]
mormonismo (m)	Mormonluq	[mormonˈlʲuh]
mórmon (m)	mormon	[morˈmon]

| Judaísmo (m) | Yahudilik | [jahudi'lik] |
| judeu (m) | yahudi | [jahu'di] |

| budismo (m) | Buddizm | [bud'dizm] |
| budista (m) | buddist | [bud'dist] |

| hinduísmo (m) | Hinduizm | [hindu'izm] |
| hindu (m) | hinduist | [hindu'ist] |

Islão (m)	İslam	[is'lam]
muçulmano (m)	müsəlman	[mysæl'man]
muçulmano	müsəlman	[mysæl'man]

| Xiismo (m) | Şiəlik | [ʃiæ'lik] |
| xiita (m) | şiə | [ʃi'æ] |

| sunismo (m) | Sünnülük | [synny'lyk] |
| sunita (m) | sünnü | [syn'ny] |

196. Religiões. Padres

| padre (m) | keşiş | [kɛ'ʃiʃ] |
| Papa (m) | Roma Papası | ['roma 'papası] |

monge (m)	rahib	[ra'hip]
freira (f)	rahibə	[rahi'bæ]
pastor (m)	pastor	['pastor]

abade (m)	abbat	[ab'bat]
vigário (m)	vikari	[vi'kari]
bispo (m)	yepiskop	[ɛ'piskop]
cardeal (m)	kardinal	[kardi'nal]

pregador (m)	moizəçi	[moizæ'tʃi]
sermão (m)	moizə	[moi'zæ]
paroquianos (pl)	kilsəyə gələn dindarlar	[kilsæ'jæ gæ'læn dindar'lar]

| crente (m) | dindar | [din'dar] |
| ateu (m) | ateist | [atɛ'ist] |

197. Fé. Cristianismo. Islão

| Adão | Adəm | [a'dæm] |
| Eva | Həvva | [hæv'va] |

Deus (m)	Tanrı	[tan'rı]
Senhor (m)	Tanrı	[tan'rı]
Todo Poderoso (m)	Qüdrətli	[gydræt'li]

pecado (m)	günah	[gy'nah]
pecar (vi)	günaha batmaq	[gyna'ha bat'mah]
pecador (m)	günahkar	[gynah'kar]

pecadora (f)	günahkar qadın	[gynah'kar ga'dın]
inferno (m)	cəhənnəm	[dʒʲæhæn'næm]
paraíso (m)	cənnət	[dʒʲæn'næt]

| Jesus | İsa | [i'sa] |
| Jesus Cristo | İsa Məsih | [i'sa mæ'sih] |

Espírito (m) Santo	ruhülqüds	['ruhylgyds]
Salvador (m)	İsa	[i'sa]
Virgem Maria (f)	İsanın anası	[isa'nın ana'sı]

Diabo (m)	Şeytan	[ʃɛj'tan]
diabólico	şeytan	[ʃɛj'tan]
Satanás (m)	İblis	[ib'lis]
satânico	iblisanə	[iblisa'næ]

anjo (m)	mələk	[mæ'læk]
anjo (m) da guarda	mühafiz mələk	[myha'fiz mæ'læk]
angélico	mələk	[mæ'læk]

apóstolo (m)	həvvari	[hævva'ri]
arcanjo (m)	Cəbrayıl	[dʒʲæbra'il]
anticristo (m)	dəccəl	[dæ'dzæl]

Igreja (f)	Kilsə	[kil'sæ]
Bíblia (f)	bibliya	['biblija]
bíblico	bibliya	['biblija]

Velho Testamento (m)	Əhdi-ətiq	['æhdi æ'tih]
Novo Testamento (m)	Əhdi-cədid	['æhdi dʒʲæ'did]
Evangelho (m)	İncil	[in'dʒʲil]
Sagradas Escrituras (f pl)	əhdi-ətiq	['æhdi æ'tih
	və əhdi-cədid	'væ 'æhdi dʒʲæ'did]
Céu (m)	Səma Səltənəti	[sæ'ma sæltænæ'ti]

mandamento (m)	əhkam	[ɛh'kam]
profeta (m)	peyğəmbər	[pɛjɣæm'bær]
profecia (f)	peyğəmbərlik	[pɛjɣæmbær'lik]

Alá	Allah	[al'lah]
Maomé	Məhəmməd	[mæhæm'mæd]
Corão, Alcorão (m)	Quran	[gu'ran]

mesquita (f)	məsçid	[mæs'tʃid]
mulá (m)	molla	[mol'la]
oração (f)	dua	[du'a]
rezar, orar (vi)	dua etmək	[du'a ɛt'mæk]

peregrinação (f)	zəvvarlıq	[zævvar'lıh]
peregrino (m)	zəvvar	[zæv'var]
Meca (f)	Məkkə	[mæk'kæ]

igreja (f)	kilsə	[kil'sæ]
templo (m)	məbəd	[mæ'bæd]
catedral (f)	baş kilsə	['baʃ kil'sæ]
gótico	qotik	[go'tik]

sinagoga (f)	sinaqoq	[sina'goh]
mesquita (f)	məsçid	[mæs'tʃid]
capela (f)	kişik kilsə	[ki'tʃik kil'sæ]
abadia (f)	abbatlıq	[abbat'lıh]
convento (m)	qadın monastırı	[ga'dın monastı'rı]
mosteiro (m)	kişi monastırı	[ki'ʃi monastı'rı]
sino (m)	zəng	['zænh]
campanário (m)	zəng qülləsi	['zænh gyllæ'si]
repicar (vi)	zəng etmək	['zænh ɛt'mæk]
cruz (f)	xaç	['χatʃ]
cúpula (f)	günbəz	[gyn'bæz]
ícone (m)	ikona	[i'kona]
alma (f)	can	['dʒˈan]
destino (m)	qismət	[gis'mæt]
mal (m)	pislik	[pis'lik]
bem (m)	yaxşılıq	[jaχʃı'lıh]
vampiro (m)	xortdan	[χort'dan]
bruxa (f)	caduger qadın	[dʒˈadu'gær ga'dın]
demónio (m)	iblis	[ib'lis]
espírito (m)	ruh	['ruh]
redenção (f)	günahdan təmizlənmə	[gynah'dan tæmizlæn'mæ]
redimir (vt)	günahı təmizləmək	[gyna'hı tæmizlæ'mæk]
missa (f)	ibadət etmə	[iba'dæt ɛt'mæ]
celebrar a missa	ibadət etmək	[iba'dæt ɛt'mæk]
confissão (f)	tövbə etmə	[tøv'bæ ɛt'mæ]
confessar-se (vr)	tövbə etmək	[tøv'bæ ɛt'mæk]
santo (m)	övliya	[øvli'ja]
sagrado	müqəddəs	[mygæd'dæs]
água (f) benta	müqəddəs su	[mygæd'dæs 'su]
ritual (m)	mərasim	[mæra'sim]
ritual	mərasimə aid	[mærasi'mæ a'id]
sacrifício (m)	qurban kəsmə	[gur'ban kæs'mæ]
superstição (f)	xurafat	[χura'fat]
supersticioso	xurafatçı	[χurafa'tʃı]
vida (f) depois da morte	axirət dünyası	[aχi'ræt dynja'sı]
vida (f) eterna	əbədi həyat	[æbæ'di hæ'jat]

TEMAS DIVERSOS

198. Várias palavras úteis

ajuda (f)	kömək	[kø'mæk]
barreira (f)	sədd	['sædd]
base (f)	baza	['baza]
categoria (f)	kateqoriya	[katɛ'gorija]
causa (f)	səbəb	[sæ'bæp]
coincidência (f)	üst-üstə düşmə	['just jus'tæ dyʃ'mæ]
coisa (f)	əşya	[æ'ʃa]
começo (m)	başlanqıc	[baʃla'ngıdʒ']
cómodo (ex. poltrona ~a)	əlverişli	[ælvɛriʃ'li]
comparação (f)	müqayisə	[mygajı'sæ]
compensação (f)	kompensasiya	[kompɛn'sasija]
crescimento (m)	boy atma	['boj at'ma]
desenvolvimento (m)	inkişaf	[inki'ʃaf]
diferença (f)	fərqlənmə	[færglæn'mæ]
efeito (m)	təsir	[tæ'sir]
elemento (m)	element	[ɛlɛ'mɛnt]
equilíbrio (m)	balans	[ba'lans]
erro (m)	səhv	['sæhv]
esforço (m)	səy	['sæj]
estilo (m)	üslub	[ys'lʲup]
exemplo (m)	misal	[mi'sal]
facto (m)	fakt	['fakt]
fim (m)	son	['son]
forma (f)	forma	['forma]
frequente	tez-tez	['tɛz 'tɛz]
fundo (ex. ~ verde)	fon	['fon]
género (tipo)	növ	['nøv]
grau (m)	dərəcə	[dæræ'dʒ'æ]
ideal (m)	ideal	[idɛ'al]
labirinto (m)	labirint	[labi'rint]
modo (m)	üsul	['jusul]
momento (m)	an	['an]
objeto (m)	obyekt	[ob'jɛkt]
obstáculo (m)	maneə	[manɛ'æ]
original (m)	əsl	['æsl]
padrão	standart	[stan'dart]
padrão (m)	standart	[stan'dart]
paragem (pausa)	fasilə	[fasi'læ]
parte (f)	hissə	[his'sæ]

partícula (f)	zərrə	[zær'ræ]
pausa (f)	pauza	['pauza]
posição (f)	pozisiya	[po'zisija]
princípio (m)	prinsip	['prinsip]

problema (m)	problem	[prob'lɛm]
processo (m)	proses	[pro'sɛs]
progresso (m)	tərəqqi	[tæræk'ki]
propriedade (f)	xüsusiyyət	[xysusi'æt]

reação (f)	reaksiya	[rɛ'aksija]
risco (m)	risk	['risk]
ritmo (m)	temp	['tɛmp]
segredo (m)	sirr	['sirr]
série (f)	seriya	['sɛrija]

sistema (m)	sistem	[sis'tɛm]
situação (f)	situasiya	[situ'asija]
solução (f)	həll	['hæll]
tabela (f)	cədvəl	[ʤ'æd'væl]
termo (ex. ~ técnico)	termin	['tɛrmin]

tipo (m)	tip	['tip]
urgente	tecili	[tædʒ'i'li]
urgentemente	tecili	[tædʒ'i'li]
utilidade (f)	xeyir	[xɛ'jir]

variante (f)	variant	[vari'ant]
variedade (f)	seçim	[sɛ'tʃim]
verdade (f)	həqiqət	[hægi'gæt]
vez (f)	növbə	[nøv'bæ]
zona (f)	zona	['zona]